EL PODER DE LAS IDEAS Y COMO DESARROLLAR EL PENSAMIENTO CREATIVO

DESCUBRA COMO CONVERTIRSE EN

UNA FABRICA DE IDEAS ¡AHORA!

Copyright © 2016 Frank Mullani. Todos los derechos reservados.

Ninguna parte de esta publicación puede ser reproducida o transmitida en cualquier forma o por cualquier medio, sea electrónico o mecánico, fotocopia, grabación o cualquier sistema de almacenamiento o recuperación, sin el permiso escrito del autor.

Tabla de Contenidos:

CAPITULO I: **La Creatividad y ¿Por qué Necesita Este Libro?**   Pg. 8

CAPITULO II: **El Instinto de Supervivencia, La Creatividad y Las Ideas**   Pg. 17

CAPITULO III: **Como Convencerse de Su Poder Creativo**   Pg. 25

CAPITULO IV: **Descubra Como Estimular la Curiosidad Creativa**   Pg. 33

CAPITULO V: **Como Convertirse en Una Fábrica de Ideas**   Pg. 45

CAPITULO VI: **La Creatividad y Como Estimularla**   Pg. 69

CAPITULO VII: **¿Qué Significa Vivir Una Vida Utilizando el Poder de La Creatividad?**   Pg. 86

CAPITULO VIII: **La Creatividad y el Riesgo - ¿Cuál es el Beneficio?**   Pg. 94

CAPITULO IX: **¿De Donde Proviene La Creatividad?**   Pg. 103

CAPITILO X: **¿Cómo Empezar a Crear?**   Pg. 109

Conclusión   Pg. 117

Sobre el Autor   Pg. 125

La Creatividad y Por qué Necesita Este Libro

Creatividad, una palabra con un significado enorme y a veces con una connotación que incluso nos amedrenta pues tendemos a pensar que esta es una especie de don divino que tan solo le fue dado a unos pocos afortunados. Cuando pensamos en creatividad por lo general pensamos inmediatamente en un don artístico del cual muchos carecemos y en una cualidad que tan solo poseen aquellas personas dedicadas al arte o la arquitectura, la música, la danza o al diseño.

Gracias por considerar este libro, como muestra de mi aprecio **Obtenga Ahora Completamente Gratis**:

LAS 9 CLAVES Y CONDUCTAS DE LA GENTE CREATIVA

visitando esta pagina:

http://tinyurl.com/claves-creatividad

Lo cierto es que todos tenemos un don creativo y un poder creativo en nuestro interior que se ha ido marchitando por no haberse ejercido o por confiarnos demasiado en los procesos académicos tradicionales y a causa de un estilo de vida de horarios rígidos y de agendas predeterminadas. Hemos enterrado lentamente nuestra creatividad innata con procesos educativos que desde la niñez restringen la espontaneidad y nos obligan a acomodarnos a un sistema impuesto de absorción vacía de datos y a la manipulación de números sin ninguna conexión con un proceso creativo.

Las aulas de clase son más una especie de salas de entrenamiento donde se hace énfasis en la adquisición de interminables datos y en la obtención de resultados numéricos que clasifican a cada uno según números o letras en un nivel sobresaliente, satisfactorio o mediocre. Esto aniquila la creatividad y nos convierte en seguidores en vez de creadores de tendencias o de seres innovadores. De hecho, para Steve Jobs, uno de los más grandes innovadores de nuestra era moderna y fundador de la compañía Apple, la educación convencional tan solo conduce a resultados convencionales.

En términos generales existe una desconexión entre los procesos educativos y el proceso creativo pues como lo he señalado antes, en su base fundamental nuestra educación tradicional está diseñada y orientada hacia el suministro de interminables datos y a evaluar con números y letras cuantos datos pudo el estudiante memorizar o cuantos números pudo calcular sin fallar a las respuestas que en su mayoría carecen de un propósito creativo.

Poco a poco vamos sepultando esa creatividad y esa capacidad de juego innata que teníamos desde niños, pues nuestro comportamiento más espontaneo desde temprana edad era el juego creativo y el descubrimiento a través de prueba y error. Poco a poco y lentamente se fue arraigando la idea en nuestro subconsciente de que era más valido y menos comprometedor ir a lo seguro y memorizar los datos de los textos educativos para "pasar el examen" que tomar el riesgo de experimentar y verdaderamente aprender empíricamente lo que significa y causa cada acción que tomamos.

Poco a poco le fuimos dando importancia al "fracaso" como si esta fuera una etiqueta que deberíamos cargar toda la vida si intentábamos algo nuevo que no estuviera en los libros y que el "fracaso" era algo que era mejor evitar e ir a lo seguro memorizando y repitiendo lo que otros han inventado.

Nos acostumbramos en muchos casos a dar los resultados esperados y a la "aceptación y a la justificación social" de nuestras acciones sin tomar el riesgo de innovar. ¿Para que innovar si ya todo está inventado y escrito? ¿Para que innovar si puedo seguir el manual y obtendré el "resultado correcto o el resultado esperado"? Pienso que este es uno de los factores fundamentales que han ido aniquilando nuestra creatividad innata y que han ido anestesiando poco a poco nuestra capacidad de generar ideas.

Amigo y amiga lector estoy aquí para decirle con absoluta convicción que todos tenemos la capacidad de crear un mundo nuevo y podemos cambiar nuestro destino con el poder de nuestras ideas. El propósito de este libro es despertar esa capacidad innata que todos tenemos. Llevamos dentro de nuestro propio ser la información y la energía que proviene de nuestra fuente creadora para producir ideas, tan solo necesitamos volver a reconectar con esta maravillosa fuente de energía interminable para transformar nuestro mundo y el mundo que nos rodea.

Podemos diseñar y transformar nuestro destino a través del pensamiento creativo. Somos lo que pensamos y nos convertimos en lo que pensamos, si nuestra mente permanece adormecida y falta de ideas estaremos sucumbiendo a los patrones impuestos por quienes si decidieron tomar la delantera utilizando su mente creativa. Hoy más que nunca debemos darle una oportunidad a nuestra mente creativa para crear nuestro destino y para cambiar nuestra realidad, creo firmemente en el poder creativo innato de cada ser humano y creo que en la creatividad está la clave para nuestra libertad mental y financiera.

Las ideas son hoy más que nunca nuestra capacidad para generar riqueza y para generar independencia económica en un mundo en donde las condiciones de empleo pueden cambiar en cualquier momento y en donde es más valioso ser creativo que permanecer dependiente de la situación de cada compañía. La creatividad nos da la llave hacia un mundo de independencia en donde podemos crear nuestro propio destino con nuestras propias propuestas convirtiéndonos en generadores de ideas en lugar de continuar siguiendo reglamentos, horarios y rutinas impuestas por otros.

A lo que me refiero es que hoy más que nunca se hace importante volver a descubrir nuestro poder creativo para no depender de nada ni de nadie, en nuestro poder creativo esta nuestro poder para brillar y no tan solo subsistir en un mundo que cambia constantemente y en donde la "seguridad laboral" es cosa del pasado. La "seguridad laboral" es hoy en día un paradigma que heredamos de una era en donde la gente podía permanecer por años e incluso décadas trabajando para la misma compañía u organización sin preocuparse por su estabilidad de empleo.

El mundo ha cambiado radicalmente y hoy en día las compañías son más dinámicas y más competitivas que nunca antes y el concepto de "seguridad laboral" ha sido puesto en tela de juicio debido a las constantes reestructuraciones de las compañías que necesitan adaptarse a un mercado constantemente cambiante o que incluso se declaran en bancarrota.

Estas compañías tienden a hacer evaluaciones periódicas sobre sus empleados y desafortunadamente muchas veces a recortar personal para seguir siendo viables y rentables. Lo cierto es que en todas estas evaluaciones se toman en consideración los rendimientos de cada empleado y el valor que representa cada persona para una compañía y esto cambia constantemente.

Pienso que nuestra mayor fortaleza y nuestra mejor "seguridad laboral" están en nuestra capacidad de poner en acción nuestro poder de pensamiento creativo. Si un día cualquiera perdiera cada uno su empleo la única "seguridad laboral" estaría en reinventarnos de nuevo y en adaptarnos gracias a nuestro pensamiento creativo.

Tenemos la capacidad de crear y no solo la capacidad de seguir órdenes o de seguir directrices de trabajo impuestas. Creo firmemente que debemos ser generadores de nuevas propuestas en lugar de pensar en si existe o no una propuesta de empleo. La mejor propuesta de empleo que existe es la que nosotros mismos podemos crear.

Podemos generar nuestro propio empleo y nuestras propias ideas para cambiar nuestra realidad y para controlar nuestro porvenir, la realidad que queremos para nuestra vida se manifiesta a través de la creatividad, esta es precisamente la propuesta de este libro, desarrollar nuestro pensamiento creativo para crear nuestro propio destino.

Gracias por leer este libro,

Frank Mullani

El Instinto de Supervivencia, La Creatividad y Las Ideas

Desde la era de las cavernas nuestra propia subsistencia y capacidad de adaptación y supervivencia ha sido posible gracias a nuestra creatividad innata y a las ideas. El hecho es que como seres humanos siempre que nuestra propia existencia ha sido puesta a prueba nuestra mente se ha visto forzada a poner en acción nuestro más grande recurso de subsistencia y este es el poder de nuestra mente creativa.

Este en realidad es el factor que nos ha hecho diferentes de todas las otras especies que habitan el planeta, la creatividad. Es la capacidad de poner nuestras ideas en práctica lo que ha garantizado no solo nuestra subsistencia en este mundo sino nuestro poder dominante sobre todas las otras especies que habitan este mundo.

Podemos deshacernos de una persona, pero no de sus ideas ni de lo que ha creado. La creación de una idea, de un negocio, de un libro, de un nuevo diseño, de una pintura, de una fórmula, de un tema musical o de un nuevo método puede sobrevivir más allá de nuestra propia existencia y trasciende nuestro propio ser pues permanece como un legado para el mundo en el que vivimos para que otros construyan sobre la base de esas ideas.

La creatividad es en su esencia más pura la capacidad y el acto de generar ideas. Si podemos generar ideas podemos cambiar el mundo y crear el mundo que queremos y podemos crear nuestro destino y no tan solo subsistir o fracasar.

Nuestra creatividad es indispensable para seguir asegurando nuestra propia permanencia en este mundo constantemente cambiante. El precio de perder nuestra creatividad innata sería tanto como perder nuestra esperanza como seres humanos en este planeta.

Perder nuestra creatividad seria rendirnos ante el miedo de situaciones desconocidas y claudicar como seres humanos. Nuestro instinto de supervivencia y creatividad es esencial e indispensable para superar cualquier ambiente hostil y para asegurar nuestra permanencia en este mundo cambiante con un flujo interminable de ideas.

Vivimos en un mundo en donde más que nunca antes nuestras ideas pueden darse a conocer y pueden ponerse en práctica gracias al inmenso poder del internet y de todos los medios de comunicación de los que hoy disponemos. Todo lo que nos rodea y todo lo que vemos alrededor nuestro fue inventado y generado por ideas de personas que utilizaron el poder del pensamiento creativo para crear el mundo que hoy conocemos y gracias a un instinto de supervivencia innato.

Cuando una persona está en peligro de perder su trabajo o no tiene trabajo, cuando el medio que lo rodea es hostil y cuando existe inseguridad el único recurso al que puede recurrir es a su propia creatividad para cambiar su situación. Cuando nuestra propia subsistencia está en tela de juicio nos vemos forzados a generar ideas y a ser creativos. Creo que la creatividad es un instinto de supervivencia que se activa cuando necesitamos resolver un problema o cuando le damos paso y validez a nuestras ideas sin temor al que dirán.

Debemos empezar por derrotar el miedo y comenzar por derribar el temor al fracaso para darle paso a la creatividad. Según Steve Jobs (Fundador de La Compañía Apple – Una de las compañías más creativas e innovadoras del mundo) no existe tal cosa como el fracaso, el fracaso es tan solo una señal de la vida que trata de mostrarnos otra dirección.

La creatividad nos da la posibilidad de prosperar y no de tan solo sobrevivir. Cuando logramos sintonizar nuestra mente con la energía de nuestra fuente creadora original entramos en un modo creativo y no tan solo en un modo de supervivencia. Nuestra mente es como un receptor de energía que puede manifestar todo su poder creativo cuando entra en sintonía receptiva con el mundo de las ideas, es decir cuando no se limita a tan solo ver lo que nuestros ojos están viendo sino a conectar diferentes posibilidades y variaciones de lo que ya existe para crear lo que no existe.

Lo cierto es que **nuestro poder creativo es ilimitado** y no debe restringirse tan solo al mero hecho de poder sobrevivir sino al poder que tenemos de crear nuestro propio destino y el poder de crear abundancia por medio de la generación de ideas y de nuestra creatividad innata.

"La creatividad es simplemente conectar cosas. Cuando le preguntas a la gente creativa la forma en que hizo algo, se sienten un poco culpables porque en realidad no lo crearon, tan solo vieron algo que apenas parecía obvio para ellos después de un tiempo." - Steve Jobs.

Necesitamos nuestra inteligencia creativa para adaptarnos a los cambios y para desarrollar una adaptabilidad de supervivencia. A lo que la inteligencia creativa se refiere es a la capacidad que tenemos de absorber y procesar la información que nos llega del medio que nos rodea, para luego usarla generando nuevas ideas para asegurar nuestra supervivencia. Nuestra propia existencia depende de esta habilidad innata que tenemos y en la capacidad de hacernos preguntas, analizar, aprender y producir ideas.

Los seres humanos hemos logrado evolucionar y sobrevivir como especie gracias a nuestra capacidad de adaptación y a nuestra capacidad de reinventar el mundo que nos rodea por medio de nuestra creatividad. Nuestra inteligencia creativa ha sido siempre necesaria para nuestra supervivencia. Por medio del poder de nuestra imaginación hemos logrado integrar nuestras experiencias empíricas con nuestras ideas logrando evolucionar y no tan solo sobrevivir.

Este proceso creativo inteligente involucra nuestra curiosidad innata, nuestro conocimiento y nuestra intuición. Nuestra función cerebral tiene un impulso instintivo que busca un significado en todo lo que nos rodea y que genera ideas. Nuestra curiosidad innata procesa información en forma de conocimiento y luego nuestra percepción inteligente combina con la intuición toda la información que absorbe. Nuestra curiosidad es nuestra capacidad innata para observar y cuando se combina con el entendimiento es capaz de producir ideas.

Gracias a nuestra creatividad desarrollamos nuestra capacidad de adaptarnos y de esta habilidad surge nuestro poder para resolver problemas y para encontrar soluciones con nuevas ideas que han garantizado nuestra supervivencia como especie dominante de este planeta. Hemos desarrollado la intuición que tiene que ver con nuestra capacidad natural de observar el ambiente que nos rodea, para luego crear conexiones y para identificar patrones que resultan en un proceso creativo.

La intuición es en sí nuestro poder de imaginación y de creatividad que nos permite producir ideas y nos hace seres adaptables y creativos. Tenemos el poder de adaptarnos, el poder de sobrevivir, el poder de generar ideas y el poder de cambiar nuestra realidad gracias a nuestro pensamiento creativo.

Es hora de empezar a crear el mundo que cada uno quiere para su propia vida sin temerle al fracaso y sin temerle a los resultados. Cualquier resultado que obtengamos en un proceso creativo es un paso hacia adelante en nuestro crecimiento como seres humanos y un aporte al mundo de las ideas que asegura nuestra supervivencia.

"Un aspecto esencial de la creatividad es no tener miedo al fracaso." - Edwin Land (Inventor y Científico Norte Americano)

Como Convencerse de Su Poder Creativo

Debemos empezar por creer con absoluta certeza que en realidad somos seres creativos llenos de energía creativa. Debemos empezar a creer que todas nuestras ideas por pequeñas que sean tienen validez y que somos capaces de generar creatividad, usted tiene dentro de su propio ser el poder del pensamiento creativo. Desde que nacimos cada uno de nosotros es una manifestación viva del poder de la creación y del poder que tenemos para crear y transformar nuestro mundo. Todo lo que nos rodea y todo lo que utilizamos a diario es el resultado de un proceso creativo.

Sin darnos cuenta cada vez que enfrentamos un problema o cada vez que enfrentamos algún tipo de impase en nuestra vida generamos una respuesta gracias a nuestro poder creativo, **es nuestro instinto crear y producir soluciones e ideas**. A medida que practicamos y cultivamos más nuestro pensamiento creativo crece nuestra capacidad para generar ideas y crece también nuestra confianza en nuestro propio potencial para transformar el mundo que nos rodea.

A lo que me refiero es a que con cada acto creativo que generamos, por sencillo que este sea, experimentamos nuestro poder para cambiar nuestras circunstancias y nuestro poder para transformar nuestro destino.

Tendemos a admirar la creatividad de otros sin darnos cuenta que cada uno de nosotros tiene el poder de transformar el mundo que nos rodea. Cada vez que tenemos una idea actuamos con un poco de desconfianza o conformismo. Tendemos muchas veces a enterrar esa idea sin darle una oportunidad para luego enterarnos de que alguien más si decidió confiar en su poder creativo logrando desarrollar esa idea con gran éxito. Debemos confiar en nuestras ideas y explotar todo su potencial.

Ideas tan simples como por ejemplo el diseño de una carita feliz, creada por un diseñador gráfico llamado Harvey Ball en la década de los sesentas, llegaron a tener un éxito enorme. Este diseñador gráfico tan solo cobró una pequeña remuneración de $45 dólares por el trabajo de diseñar una campaña publicitaria para una compañía de seguros en Massachusetts en los Estados Unidos. Harvey Ball tuvo que conformarse con el pago de estos $45 dólares para luego ver que su creación le generaría millones a otros más visionarios que él.

El diseño de este logotipo con la carita feliz tuvo gran aceptación y fue muy popular entre los clientes de la compañía que tan solo había pagado $45 dólares por su desarrollo a su creador. Harvey Ball, el diseñador gráfico creador de la carita feliz, jamás logró ver el potencial de su sencilla pero genial idea y se contentó con esta pequeña remuneración.

Esta sencilla pero creativa idea se convertiría luego en un floreciente negocio que generó millones de dólares para dos hermanos que vieron la oportunidad de capitalizar sobre este simple diseño de la carita feliz convirtiéndolo en una máquina de ventas. Estos dos hermanos, Bernard y Murray Spain, decidieron registrar la carita feliz como marca y se aseguraron la propiedad intelectual de este sencillo diseño con la idea de luego utilizarlo en la producción de botones, logos, camisetas y pegatinas o adhesivos que generaron enormes ganancias (aproximadamente unos 50 millones de botones con la carita feliz se vendieron tan solo en el año 1972). Este simple pero nuevo enfoque de creatividad llevo a los hermanos Bernard y Murray a convertirse en millonarios.

Lamentablemente Harley Ball, el creador del diseño de la carita feliz, jamás pensó que su idea pudiera tener semejante alcance y nunca confió en el poder de su idea ni patentó su diseño. Esta sencilla pero genial idea logró conquistar millones de seguidores a lo largo y ancho del mundo gracias a un sencillo mensaje de positivismo en forma de carita feliz y a un destello de creatividad que jamás pudo capitalizar su creador.

La próxima vez que tenga una idea o cree un método innovador para hacer algo no olvide llevarlo a la práctica sin importar si fracasa o no pues alguien más podría llevar a cabo esta idea y llevarla a ser increíblemente exitosa. Lo que dejamos de hacer por desconfianza o por nuestras dudas o por el miedo al fracaso seguramente lo harán otros más convencidos de su poder creativo y serán ellos quienes saborearán el éxito y los que recogerán los frutos de su creatividad. No olvide nunca en darle toda la credibilidad a su creatividad y crea sin dudar nunca en su poder creativo.

Para llegar a ver los frutos de nuestra creatividad debemos primero confiar en el poder de nuestras ideas. Recuerde que tendemos a sobrestimar el poder creativo de los demás y desestimamos el nuestro propio. Siempre que tenga una nueva idea, desarróllela al máximo y explore todas las posibilidades pues el alcance de una simple idea puede ser prácticamente infinito. Esta forma de actuar fortalecerá su autoestima y estimulará aún más su pensamiento creativo. Siempre tome acción sobre sus ideas por pequeñas que parezcan y permanezca siempre con una mente crítica para generar nuevas ideas.

Creo que tenemos el compromiso con nosotros mismos de darnos la oportunidad de expresar nuestra individualidad y nuestra capacidad de crear dándole validez a nuestras ideas por pequeñas que estas sean. Creo que estamos en este mundo para dejar un legado, para dejar una huella y para generar ideas, no tan solo para seguir ciegamente lo que otros han creado. Ya sea en forma de un libro, de un nuevo diseño, de una pieza musical, de un nuevo método, de una nueva receta o de una idea de negocio, nuestro poder creador es innato y tiene el potencial de cambiar nuestro destino y merece una oportunidad.

Debemos entender que cualquier proceso creativo en el que nos veamos envueltos recibirá críticas y será juzgado, esto jamás debe detenernos sino por el contrario debe estimularnos para seguir proponiendo ideas.

Muchas veces nos detiene la duda sin darnos cuenta que se hace imprescindible confiar en nuestra capacidad creativa y en nuestra intuición para ver los frutos de nuestras ideas. La mejor forma de superar este miedo es lanzándonos a proponer ideas sin importar el resultado para vencer el miedo al fracaso, para vencer el miedo al que dirán y para derrotar la ansiedad.

Siempre que nos embarcamos en un proceso creativo existe ansiedad y nos vemos obligados a avanzar en un camino desconocido, pero debemos entender que esta es la naturaleza de ser creativo y de ser un generador de ideas. No todo lo que creamos puede llegar a ser exitoso, pero si tan solo podemos saborear el éxito con al menos una de nuestras ideas entonces logramos vencer el miedo a fracasar y logramos probar nuestra capacidad creativa.

El éxito no tiene que verse necesariamente reflejado en un valor monetario sino en la audacia de atreverse a culminar lo que empezamos a partir de una idea. Tendemos a pensar que el éxito necesariamente se relaciona con dinero, pero en realidad creo que el éxito verdadero es el descubrimiento de todo nuestro potencial y el descubrimiento de nuestra capacidad creativa. Por lo general el dinero suele llegar cuando nos convertimos en creadores de nuestro propio destino y cuando adoptamos **HABITOS DE ÉXITO** (http://tinyurl.com/habitos-del-exito).

Nuestra capacidad creativa es la habilidad que tenemos de canalizar el flujo de energía creadora que proviene de nuestra fuente creadora y de volverlo una realidad a través de nuestras ideas. No debemos jamás dudar de nuestro poder creativo, es innato y es parte de la energía que fluye de nuestro interior para expresar lo que somos y lo que queremos para nuestra vida.

"Cuando usted duda de su poder, le da poder a su duda."
- Honoré de Balzac.

Ser creativo significa confiar en nuestro propio instinto, en nuestra propia intuición ignorando por completo el que dirán e ignorando la posibilidad del fracaso. Ser creativo es dejar fluir nuestras ideas sin importar las críticas para permitir la formación de nuevas ideas. Dejando fluir nuestra energía creativa sin miedo al qué dirán podemos convencernos de nuestro poder creativo, jamás debemos perder nuestra curiosidad innata. Recuerde siempre que esta vida es una misión creativa en donde podemos dejar huella y cambiar nuestro mundo y nuestro destino.

"La curiosidad sobre todos los aspectos de la vida, en mi opinión, sigue siendo el secreto de los grandes creadores" - Leo Burnett.

Descubra Como Estimular la Curiosidad Creativa

Para llegar a ser creativos tenemos que empezar por desarrollar nuestro instinto de curiosidad. Desde que nacemos somos seres llenos de curiosidad por descubrir el mundo que nos rodea y estamos llenos de preguntas cuestionando todo lo que vemos y sentimos. A medida que trascurren los años esa curiosidad innata se va diluyendo aceptando las cosas tal y como vienen sin pensar mucho en que algo podría cambiar.

A veces nos vemos atrapados en medio de nuestras tareas cotidianas y nuestra curiosidad innata queda enterrada en el olvido. Empezamos a enfocaros ciegamente en lo que tenemos que completar cada día sin darle una oportunidad a intentar nuevas cosas o a crear nuevos proyectos.

El ritmo vertiginoso y exigente de nuestra sociedad hace que actuemos rápidamente y casi autónomamente sin detenernos a pensar a veces en soluciones creativas.

Lo cierto es que debemos reenfocarnos en lo que nos apasiona y debemos empezar a profundizar sobre aquello que realmente nos hace sentir felices y vivos, enfocarnos en aquello en lo que sentimos podemos crear y dejar un legado para la humanidad por pequeño que este sea. Es decir, debemos enfocar nuestra energía en descubrir que es lo que verdaderamente nos apasiona y a partir de ahí empezar a desarrollar nuestra curiosidad.

Lo maravilloso es que existen un sinnúmero de aspectos que a cada uno pueden interesarle y que lo que les apasiona a unos puede que no les apasione a otros. Puede que a algunas personas les interese mucho todo lo relacionado con el diseño mientras a otras personas puede llamarle más la atención cocinar y todo lo relacionado con la cocina.

Si el diseño es su pasión innata debe entonces empezar a consumir todo el material relacionado con esa pasión por el diseño ya sea en forma de libros, videos o cursos para ir desarrollando su curiosidad innata. Si la pasión es la cocina entonces lo ideal será enfocar su mente en material y contenidos que estimulen esa actividad como canales especializados de cocina, libros y videos. El hecho de estimular una pasión estimula nuestra curiosidad por saber más y más y nos ayuda a proponer ideas.

¿Cómo podemos entonces desarrollar nuestra curiosidad en medio del caos cotidiano y de las innumerables tareas que debemos completar? La siguiente es una guía práctica para empezar a desarrollar nuestra curiosidad:

1. **Debemos ser críticos y cuestionar todo lo que vemos a nuestro alrededor**: cuando somos críticos y empezamos a hacernos preguntas de por qué las cosas funcionan como funcionan y por qué las cosas son como son, empezamos a desarrollar un proceso

de ingeniería inversa que nos permite ver con ojo crítico que hay detrás de todo lo que vemos y escuchamos. Debemos empezar por preguntarnos cómo podemos mejorar lo que ya existe o cómo podemos modificar algo para hacerlo mejor o simplemente por el simple ejercicio de desarrollar nuestra curiosidad. Cuando formulamos estas preguntas por lo general generamos respuestas y esto promueve nuestra curiosidad.

2. **Estimule su curiosidad consumiendo contenidos que le hagan reflexionar y cuestionar todo lo que le rodea**: podemos tener acceso a diferentes formas de estímulo para nuestra curiosidad como libros o videos que amplíen nuestro conocimiento sobre un tema de interés en particular.

Si usted es una persona a la que le gusta saber sobre el funcionamiento de las cosas entonces dedique más tiempo a consumir todo el material que le sea posible para llenarse de elementos que estimulen aún más su curiosidad innata.

Cuanto más conocimiento adquirimos sobre un tema más preguntas surgen y crece nuestra curiosidad por saber más y más crece nuestra capacidad para generar ideas nuevas. El conocimiento alimenta nuestra mente creativa pero no debemos tan solo limitarnos a consumir conocimiento sino también a experimentar.

Dedique al menos una hora cada día a ampliar su conocimiento tanto como pueda ya sea leyendo nueva información en forma de libros, de artículos especializados, de revistas o de material digital e incluso películas. Pienso que vivimos en una era fascinante en donde abunda la información en diferentes formatos y en donde se hace posible experimentar.

Al menos una vez a la semana experimente con lo que aprendió y permítase aplicar ese conocimiento adquirido a algo tangible, empiece a crear a partir de su curiosidad. No se trata de reinventar la rueda, se trata de lanzarnos a proponer cosas nuevas que por más sencillas que parezcan pueden cambiar el curso de nuestro destino y por qué no el de la humanidad. Recuerde que todo lo que ahora damos por hecho y utilizamos cada día se originó a partir de la curiosidad de alguien que se atrevió a cambiar o modificar lo que ya existía.

"Lo importante es no dejar de cuestionar. La curiosidad tiene su propia razón de existir." - Albert Einstein.

3. **Dedíquele un espacio a su curiosidad**: a lo que me refiero con esto es que debemos reservar siempre un lugar y un espacio del día para pensar y no tan solo a pasar el día sin hacernos preguntas sobre el por qué, el cómo y el para qué de las cosas que nos rodean. Cuando le dedicamos un espacio físico y mental a la formulación de preguntas y a pensar, estamos estimulando nuestra curiosidad. Este debe ser un espacio en donde podamos tener un tiempo a solas para pensar y para crear.

No debemos temerle ni al silencio ni a la soledad, estos son a veces necesarios para desarrollar nuestra curiosidad pues solo así podemos escuchar a nuestra mente, este es también un tiempo para meditar y para reconectar con nuestra energía creativa innata, lejos del caos cotidiano y de la confusión. Cuando le damos espacio a nuestra curiosidad abrimos las puertas a nuevas posibilidades y a nuevas oportunidades.

"Mis palabras favoritas son posibilidades, oportunidades y curiosidad. Creo que si eres curioso puedes crear oportunidades, y luego, si se abren las puertas, se crean posibilidades." - Mario Testino (aclamado fotógrafo creativo internacional que ha logrado crear imágenes para marcas de renombre internacional como Versace, Michael Kors, Channel y Gucci. Su trabajo ha sido expuesto en revistas de renombre internacional como Vanity Fair, GQ y Vogue.)

4. **Debemos tener un cambio de perspectiva**: cuando empezamos a ver lo que nos rodea desde diferentes puntos de vista y desde diferentes ángulos empezamos también a producir nuevas ideas. Nuevas soluciones creativas se generan cuando vemos las cosas desde una perspectiva nueva. Podemos empezar a identificar patrones, similitudes y diferencias cuando analizamos lo que vemos y sentimos con un nuevo punto de vista. A veces asumimos que las cosas son como son y que no pueden cambiar y estas asunciones limitan nuestro pensamiento creativo y apagan nuestra curiosidad.

Todo, absolutamente todo lo que nos rodea es susceptible de cambio, de evolución y de transformación. Nada permanece estable y el cambio es lo que genera la dinámica de la creatividad y del progreso. El cambio es divertido, el cambio estimula, el cambio genera ideas y hace crecer nuestra curiosidad.

Nosotros mismos nos encargamos de poner barreras imaginarias que no le dan cabida a la curiosidad cuando no desafiamos lo que ya existe desde una nueva perspectiva. Podríamos asumir que ya todo está inventado y que no vale la pena intentar cambiarlo cuando no adoptamos un nuevo punto de vista.

¿De dónde surge entonces la innovación? Surge de no dar por hecho lo que vemos pues cuando lo apreciamos desde otro ángulo descubrimos que existen innumerables posibilidades para el cambio.

Cuando empezamos a dominar nuestra capacidad para adoptar nuevos puntos de vista y podemos generar un cambio de perspectiva, entonces aumenta también nuestro poder de imaginación pues abrimos una gama de nuevas soluciones y posibilidades que antes no veíamos.

Cambiar la perspectiva es como tomar múltiples fotografías desde diferentes ángulos a un objeto para apreciar todas sus posibilidades y dimensiones, es cambiar el marco o la lente bajo la cual percibimos lo que está enfrente nuestro cada día.

Es asumir y entender que para cada persona un objeto o una situación puede generar diferentes estímulos, siempre debemos considerar el punto de vista de los demás para ampliar nuestro conocimiento y para alimentar nuestra curiosidad. Un niño percibe el mundo de una forma muy distinta a un anciano, sin embargo, ambos puntos de vista merecen consideración y análisis cuando se trata de crear y de generar ideas que alimenten nuestra curiosidad.

Ser capaz de cambiar y de cuestionar el marco de referencia de cada situación u objeto es una clave importante que desarrolla también nuestra imaginación pues nos revela diferentes puntos de vista y estimula nuestra curiosidad y por ende nuestra creatividad.

Contemplar y analizar el punto de vista de otras personas también es importante para absorber y analizar las respuestas de otros que pueden estar viendo aspectos diferentes a los que nosotros mismos apreciamos.

Fotografiar lo que nos rodea puede ser un buen ejercicio para empezar a desarrollar diferentes puntos de vista sobre nuestro entorno. Al hacer este ejercicio debemos fijarnos en los detalles y en los diferentes ángulos de las imágenes, de las sombras, de las luces y de cómo va cambiando el entorno a medida que capturamos más y más imágenes.

A veces el mundo y la vida nos pasa por el frente sin si quiera fijarnos en los detalles pues muchas veces no estamos presentes en el momento sino tratando de administrar el caos de pensamientos que cruzan por nuestra mente. La fotografía es una excelente forma para ser más observador y más analítico y nos revela detalles de todo lo que nos rodea en una imagen que queda congelada en el tiempo y que despierta nuestra curiosidad.

5. Apreciar la naturaleza también despierta nuestra curiosidad, cuando nos ponemos en contacto con la naturaleza también conectamos con la energía de nuestra fuente creadora y estimulamos además los

sentidos de la vista y del olfato. La naturaleza es una expresión magnifica y hermosa del poder de la creación y puede despertar nuestra curiosidad cuando la apreciamos y cuando somos más observadores.

El contacto con la naturaleza también es esencial para desintoxicar la mente y para llenarnos de energía creadora que promueve nuestra curiosidad innata. El contacto con la naturaleza también nos ayuda a romper con las rutinas y oxigena nuestra mente que se refresca para estar más abierta al campo de las nuevas ideas y de la curiosidad.

Basta con ver a un niño en medio de la naturaleza haciendo un millón de preguntas y experimentando con hojas y palos para crear lo que su imaginación le dicta. Debemos volver a recuperar nuestro espíritu inocente de niños y volver a creer que podemos crear por medio de nuestra curiosidad, no hay límites, los únicos límites que existen son los que nos hemos auto-impuesto matando nuestra curiosidad.

Debemos aprender a observar una vez más el mundo que nos rodea como lo ve un niño, como si fuera la primera vez para sentirlo y para vivirlo.

Debemos volver a inculcar en nosotros mismos ese ímpetu de explorador innato que teníamos desde niños, volvamos a explorar, volvamos a hacer preguntas y volvamos a soñar.

La curiosidad es la madre de la creatividad y es parte de nuestra energía creativa, debemos siempre cultivarla. Todos los cambios y todo lo que nos rodea surge de nuestra curiosidad innata y es esencial cultivarla para vivir en el momento y para apreciar y disfrutar de todo lo que está a nuestro alcance.

"El futuro pertenece a los curiosos. A los que no tienen miedo a intentarlo, a explorarlo, a los que se cuestionan y buscan la solución". – Anónimo.

Como Convertirse en Una Fábrica de Ideas

Para empezar a convertirnos en una fábrica de ideas debemos alejarnos un poco del pensamiento convencional y ver más allá de lo obvio o de lo aparente e incluso de lo que siempre hemos aceptado como el statu quo. Las ideas nos ayudan a resolver problemas cotidianos de cada día, pero el verdadero reto viene cuando queremos crear algo nuevo y no sabemos por dónde empezar.

Todos tenemos el poder de la imaginación y la capacidad de crear ideas nuevas, sin embargo, a veces las ideas que nos llegan ya sea de la inspiración (de nuestra fuente de energía creadora) o a partir de nuestra observación y se diluyen en el olvido por no adoptar un proceso para estimular nuestra fábrica creativa.

A veces la timidez o el mero miedo al fracaso o al rechazo nos hacen dudar de nuestras propias ideas porque pensamos que no tienen cabida en un mundo donde los "expertos" ya lo han inventado todo. Muchas de las personas más exitosas en el mundo se arriesgaron a avanzar con sus ideas a pesar del consejo de los "expertos" que dudaron de la viabilidad de esas ideas.

Tendemos a pensar que los "gurús" son los dueños de la verdad absoluta y que no vale la pena ni siquiera intentarlo o cuestionarlos. Este es un concepto erróneo que debemos erradicar de nuestra mente pues nuestras ideas son un destello de energía que proviene de nuestra fuente creadora y merecen todas las oportunidades que les podamos dar.

Louis Pasteur fue ridiculizado en su época por su teoría sobre las bacterias para luego comprobar que sus ideas si tenían validez a tal punto que hoy en día se le denomina "pasteurización" al proceso que el desarrollara para matar las bacterias previniendo diversas enfermedades.

Otro ejemplo extraordinario del rechazo de una revolucionaria idea que en su comienzo fue menospreciada por los "expertos" fue la idea del ordenador o del computador personal. Lo que hoy en día nos parece un artefacto tan común como cualquier utensilio de cocina fue desarrollado a partir de la idea de la fusión de un teclado con una pantalla y con la capacidad de cómputo de las calculadoras.

Steve Wozniak, uno de los socios fundadores de la compañía Apple Inc. construyó este nuevo artefacto a partir de esta idea para su uso personal y cuando se lo presentó a los ejecutivos "expertos" de la compañía Hewlett-Packard para la cual trabajaba, simplemente recibió burlas y rechazo con el argumento de que este no era un artefacto que la gente del común pudiera necesitar.

Tal fue el rechazo de los "expertos" de Hewlett-Packard que su idea fue descalificada no una sino cinco veces y fue entonces cuando Wozniak decidió asociarse con Steve Jobs para desarrollar lo que hoy es un imperio de la innovación y de la creatividad, una de las compañías más valiosas del mundo, Apple Inc., creada a partir de una idea que los "expertos" rechazaron.

Esta maravillosa idea de genialidad y de pensamiento creativo le dio origen a la era de la información digital y propició la formación de innumerables empresas alrededor de la idea del computador personal que hoy en día sigue y seguirá evolucionando gracias al poder creativo infinito de nosotros los seres humanos.

Jamás hubiese sido posible el desarrollo de software al nivel que ha alcanzado, o el desarrollo de nuevas aplicaciones, o el desarrollo de los video-juegos, del internet o el desarrollo del diseño al nivel que hoy conocemos de no ser por la creación de la idea del computador personal o del ordenador personal.

¿Entonces como logramos convertirnos en generadores de ideas y como logramos que estas no queden en el olvido?

Tendemos a pensar que solo vale la pena darles impulso a las ideas revolucionarias y de gran calibre, pero la realidad es que no necesitamos volver a inventar la rueda para que una de nuestras ideas llegue a ser muy exitosa. Lo que necesitamos es una serie de pautas para no dejar que estas ideas, por buenas o malas que sean, queden sepultadas en el olvido para siempre.

Lo que necesitamos es sacar esas ideas del mundo de la oscuridad e irlas anotando en un registro o diario para que podamos tener acceso a cada una de ellas cuando decidamos desarrollarlas. En el transcurso de nuestra vida podemos tener miles de ideas que van quedando en el completo olvido cuando no llevamos un registro de estas. Las siguientes son unas pautas para **no perder nuestro flujo de ideas** y para asegurarnos de convertirnos en una máquina generadora de estas.

- **Al empezar cada día debemos dedicar una parte de la mañana para pensar en nuevas ideas** luego de leer una serie de <u>afirmaciones positivas</u>. ¿Por qué leer afirmaciones positivas? Por qué empezar nuestro día con una mentalidad positiva nos predispone a la creatividad y estimula nuestra mente positiva para generar ideas. Este tiempo debe ser un tiempo de **meditación creativa** en donde enfoquemos el poder de nuestra mente en generar al menos cinco ideas (pueden ser más, idealmente 10) que estén en concordancia con nuestro proyecto de vida, es decir que tengan que ver con lo que verdaderamente nos apasiona, con lo que nos interesa. Este ejercicio fortalecerá nuestro "músculo creativo" y estaremos creando el hábito de producir ideas.

Si hacemos esto todos los días estaremos generando al menos 150 ideas por mes cada mes y unas 1,800 ideas cada año. Con este arsenal de ideas podemos estar seguros que nuestro poder creativo se estimulará y empezaremos a convertirnos en una prolífica fábrica de ideas.

Debemos anotar cada una de nuestras ideas en un registro al que podamos tener acceso cada vez que necesitemos recurrir a estas. Esta pauta va formando un hábito de consistencia que empezará a **alimentar nuestro arsenal de ideas**. Pueden ser ideas simples y no necesariamente un gran descubrimiento que cambie el curso de la historia de la humanidad, lo importante es que seamos consistentes y anotemos nuestras ideas todos los días.

Llevar un diario en el cual anotamos todas nuestras ideas es una excelente forma de asegurarnos de no perder nuestra información creativa. Este diario puede denominarse **el diario de la creatividad** en donde dejamos por escrito y si es necesario con gráficos, con dibujos o mamarrachos las ideas que se nos vienen a la mente y que se nos ocurren cada día.

Escribir nuestras ideas diariamente nos permite canalizar nuestra energía creativa. Esto también tiene que ver con desarrollar nuestro **PENSAMIENTO POSITIVO** (http://tinyurl.com/libro-pensamiento-positivo), en lugar permitir que los pensamientos negativos y el ocio controlen nuestra mente, entramos en un estado creativo que genera optimismo y abundancia.

"Una persona puede ser pobre en términos de dinero, pero si cultiva su creatividad será rica en ideas, las ideas son la nueva fuente de riqueza." – Frank Mullani.

- **Debemos retar los supuestos:** cuando queremos generar una nueva respuesta o una nueva idea muchas veces asumimos de inmediato un preconcepto de lo que ya existe sin cuestionarnos o hacernos la pregunta de cómo podría cambiar ese algo que ya existe. Un ejemplo de esto es asumir que algo no puede funcionar hasta que probamos que si puede funcionar. Para generar nuevas ideas debemos romper con estos supuestos.

Un buen ejemplo de esto se puede apreciar en el diseño de una nueva máquina aspiradora desarrollada por James Dyson. Este inventor británico cuestionó el supuesto de que estas máquinas debían estar hechas para succionar aire almacenando la mugre y el polvo en filtros y bolsas que luego se bloqueaban.

Como reto a este supuesto Dyson logró generar una nueva idea en donde en vez de colectar polvo en una bolsa que se atascaba con más y más mugre, se podía succionar el mismo polvo y la misma mugre con una acción ciclónica doble que hace girar el polvo fuera del flujo de aire hacia contenedores transparentes que permiten al usuario apreciar cuando estos se llenan.

Parece un poco complicado, pero en realidad no lo es, lo que en realidad Dyson hizo fue reinventar el concepto de la máquina aspiradora retando los supuestos y generando una nueva idea que resultó en un nuevo diseño con gran éxito en ventas a nivel mundial. Hoy en día las máquinas de Dyson se venden en todo el mundo y le han generado una gran fortuna a su creador.

Retar los supuestos es en realidad pensar con mente crítica y abierta para ver todas las posibilidades de cambio que pueden existir en un nuevo diseño, en una nueva situación, en un nuevo método, en una nueva receta, en una nueva fórmula o en lo que sea que estemos trabajando que merezca una transformación para ser mejorado o cambiado.

Todo, absolutamente todo lo que nos rodea y usamos a diario es susceptible de cambio, de mejoras, de transformación y puede evolucionar gracias a nuevas perspectivas y a nuevas aplicaciones que podemos descubrir cuando nuestro pensamiento es creativo y crítico para generar ideas.

Si esto no fuera así probablemente estaríamos todavía en la era de piedra utilizando las mismas herramientas que nuestros antepasados utilizaron para asegurar su supervivencia.

Cuando retamos los supuestos abrimos nuestra mente y nos permitimos pensar diferente y fuera de los límites de lo que vemos a primera vista. Cuando retamos nuestro pensamiento convencional logramos derribar muchos de los supuestos que tenemos sobre muchas de las cosas que nos rodean a diario.

Un buen ejemplo de esto es una de las ideas tecnológicas más revolucionarias, pero a la vez más simples que hoy podemos experimentar. La idea del servicio de taxis es una industria que tiene sus orígenes en el siglo XVII cuando aparecieron los primeros servicios por contrato de carruajes tirados por caballos en Paris y en Londres.

Luego a comienzos del siglo XX se importaron desde Europa hacia los Estados Unidos los primeros vehículos taxis impulsados por un motor de gasolina a la ciudad de Nueva York donde se les dio el nombre de "Taxicabs".

La forma de contratar este servicio de transporte evolucionó a través de los años desde sus comienzos y gracias a la evolución de la tecnología. Durante muchos años la única forma de contratar este servicio era por medio de una llamada telefónica o simplemente en la calle estirando la mano en medio del tráfico de la ciudad.

Sin embargo, los fundadores de la compañía UBER llegaron a crear una multinacional que genera millones en ingresos a nivel mundial y que genera millones de empleos a nivel mundial retando los supuestos.

¿No se supone que para pedir un servicio de taxi hay que llamar por teléfono a una compañía de taxis? Pues bien, se asume que este es y fue el procedimiento para hacerlo por años y años hasta que Travis Kalanick, fundador de la compañía UBER y sus asociados tuvieron la maravillosa idea de no asumir los supuestos y crearon una nueva aplicación para teléfonos inteligentes desde la cual se puede contratar un servicio de transporte sin necesidad de hacer una llamada.

Con esta nueva idea y esta nueva aplicación no solo se puede ahora solicitar este servicio de una forma más eficiente, sino que también le brindó la oportunidad a miles y miles de personas de ganar dinero utilizando su propio vehículo para transportar a otras personas. Una idea controversial pero muy exitosa que mejoró la calidad de un servicio de transporte por contrato haciéndolo mucho más eficiente y más confiable a nivel mundial.

¿Será esta la última evolución y la última idea que transforme a esta industria? Por supuesto que no, ya se están adelantando experimentos para una nueva transformación en lo que al transporte se refiere con el desarrollo del coche o automóvil autónomo en donde ya no será necesario un conductor.

¿Pero acaso no se supone que un vehículo de esta naturaleza debe ser conducido por un ser humano? Lo cierto es que la evolución creativa de las ideas no tiene límite, el único límite está en nuestra mente y en los supuestos a los que les damos validez.

Otra de las asunciones o supuestos que se ha logrado derribar es la idea de que los libros que por años y años tan solo se podían leer impresos en papel, ahora se pueden acceder en formato digital gracias al desarrollo de las tabletas, del kindle y de los teléfonos inteligentes.

Hoy en día es posible leer un libro en este nuevo formato que se acepta y se utiliza cada vez más a nivel mundial para consumir contenidos, novelas, historias y conocimiento gracias a una idea que derribó los supuestos.

¿Pero no se supone que los libros son de papel? Lo siguen siendo y probablemente lo sigan siendo por muchos años más, sin embargo, derribar este supuesto le dio nacimiento a una nueva idea que cautivó a los amantes de la tecnología. Antes era casi imposible cargar con más de diez libros de un lado para otro, ahora podemos tener una biblioteca de miles y miles de títulos de todos los géneros y autores en la palma de nuestra mano para disfrútarla cuando queramos y en donde queramos.

Los dueños del futuro son aquellos que se atreven a derribar los supuestos con nuevas ideas en todas las áreas e industrias de nuestro mundo. Amigo y amiga lector quiero preguntarle algo ¿Qué suposiciones hace usted mismo acerca de situaciones en su vida personal y profesional y acerca de lo que lo rodea? ¿Cree usted que puede cambiar algo de lo que ya existe o mejorarlo o simplemente transformarlo dándole un nuevo enfoque?

No hace falta irnos al campo tecnológico para generar nuevas ideas derribando los supuestos. ¿Cuántos nuevos libros de recetas se pueden escribir? ¿Cuantos nuevos diseños de carros se pueden crear? ¿Cuántos nuevos productos podemos reinventar y transformar? Etc... Si puede derribar los supuestos, ¿sería capaz de generar nuevas ideas y crear nuevas soluciones a los problemas que está tratando de resolver? Una vez que descubra su poder para pensar diferente y para ver todo lo que le rodea desde diferentes ángulos se dará cuenta de su gran capacidad creativa.

Tenemos que volver a jugar con la mente como juegan los niños sin pensar en los límites ni en los supuestos, simplemente dejando ir nuestra imaginación para crear nuevas ideas. Un niño puede ver un avión cuando juega con un carrito de juguete, un niño puede imaginar un mundo de fantasía cuando juega con la arena, volvamos a jugar con mente de niños y volvamos a recuperar la inocencia para crear nuevas ideas.

¿Puede un carrito ser una mesa? Para diseñar y para transformar algo a veces tan solo basta con deshacernos del concepto tradicional de las cosas y volverlo algo que imaginamos como por ejemplo una mesa con una base de ruedas de carrito. Parece un poco tonto, pero así es y a veces las mejores ideas e innovaciones surgen de combinar cosas y elementos inesperados para crear algo nuevo.

- **La meditación** es otra pauta que nos puede ayudar en la creación de nuevas ideas: es verdaderamente difícil para nuestra mente concentrarse en producir nuevas ideas si todo el tiempo esta abarrotada de diferentes pensamientos y preocupaciones. Para calmar nuestra mente nada mejor que la meditación que también nos ayuda a conectar con nuestra energía creadora infinita. La meditación nos ayuda también a aliviar el estrés y a callar la mente.

A veces pensamos que meditar es tan solo de budistas o algo complicado y misterioso de lograr, la verdad es que cuando dedicamos un tiempo a solas y en completo silencio, estamos meditando, **el silencio nos permite escuchar lo que nuestra fuente creativa tiene para decirnos.**

Dedique un espacio de su casa o en su lugar de trabajo al silencio y a la meditación al menos una vez cada día por unos 15 minutos y deje que su mente vuele sin límite para generar nuevas ideas.

Estudios realizados en Holanda han logrado demostrar que aquellas personas que meditan obtienen mejores resultados en cuanto a creatividad se refiere en comparación con quienes no lo hacen.

La meditación ayuda a que nuestro cerebro se relaje induciendo estados mentales en donde nuestras ideas se hacen más prolíficas y en donde se crean nuevas conexiones que estimulan nuestra creatividad.

De hecho, una parte importante de nuestra habilidad para crear ideas tiene que ver con la capacidad de nuestro cerebro de conectar conceptos viejos con nuevos elementos para generar algo innovador.

- **Acostúmbrese a leer más libros,** los libros son el mecanismo más antiguo gracias al cual los seres humanos hemos podido transmitir información y conocimiento de generación en generación y la lectura activa nuestra comprensión y nuestra imaginación. Lea sobre todo lo que le interesa y sobre lo que le causa curiosidad, aprenda tanto como pueda sobre aquello que quiere descubrir, transformar o cambiar.

Cuando leemos expandimos nuestro conocimiento y nuestra forma de pensar. Leer historias de ficción puede ser una terapia refrescante para exprimir esa fábrica de ideas que llevamos dentro. Los libros pueden ayudarnos a sacarnos de la rutina diaria y pueden activar nuestra generación de ideas, la lectura estimula nuestra mente y nuestra fuente creativa.

- **Hágase preguntas constantemente y sea crítico**: pregúntese siempre el por qué y el para que de todo lo que ve en su entorno. Esto puede convertirse en un juego interesante que incluso puede compartirse con otras personas a manera de entretenimiento mental al formular preguntas y generar respuestas sobre algo que nos interesa. De lo que se trata es de entrenar nuestra mente a ser creativa para mejorar el poder de nuestro pensamiento creativo.

- **Conviértase en un observador de la conducta humana.** Salga frecuentemente a la calle y analice lo que la gente hace y como lo hace y anote sus ideas. El mundo exterior en donde interactuamos los humanos es un excelente laboratorio de ideas cuando lo observamos con ojo crítico y creativo. La idea de Starbucks salió de la observación de los cafés tradicionales en Europa y fue entonces cuando sus fundadores decidieron trasplantar esta idea al mercado estadounidense con nuevos conceptos creativos que lo hicieron un establecimiento único en donde la gente puede socializar y disfrutar de un café mientras también trabaja. Hoy en día Starbucks se encuentra en más de 65 países con más de 21 mil tiendas alrededor del mundo.

- **Amplié su perspectiva:** podemos estimular nuestra creatividad y nuestra generación de ideas cada vez que experimentamos algo nuevo ampliando nuestra perspectiva. Expóngase a nuevas situaciones, visite nuevos lugares y conozca diferentes puntos de vista de otras personas.

Debemos periódicamente salir de la rutina para exponer nuestra mente creativa con nuevos horizontes y nuevas perspectivas y esto lo podemos lograr cambiando periódicamente el ambiente que nos rodea. Trate de cambiar la rutina como por ejemplo cuando conduce hacia algún lugar, explore nuevas rutas, deténgase en lugares nuevos y explore, esto estimulará su fábrica de ideas.

- **Entretenga su mente con nuevos estímulos y distráigase:** cuando permanecemos mucho tiempo atrapados en los problemas para buscar nuevas soluciones se genera una especie de bloqueo mental. Este es el momento para distraer la mente con nuevos estímulos ya sea en forma de entretenimiento o de observación de entornos nuevos.

  Algunas de las mejores ideas pueden surgir de estos nuevos estímulos que propician nuevas conexiones a nivel de nuestro subconsciente para generar nuevas ideas. Si siente que ha estado trabajando en una nueva idea por algún tiempo y no surge nada nuevo o se siente poco creativo, intente alejarse un poco del problema y cambie de ambiente estimulando y distrayendo su mente.

  A veces las nuevas ideas necesitan estimulo externo y un periodo de incubación para que puedan manifestarse, distraerse y entretener la mente puede resultar en un excelente tipo de estímulo.

- **Relaje su mente:** a veces lo que nuestra mente necesita es lograr estados de relajación total para incrementar nuestra creatividad. Es por esta razón que algunas de las mejores ideas se originan cuando alcanzamos un buen estado de relajación como en la ducha, en la cama mientras pensamos, mientras nos ejercitamos y en general cuando nuestro cuerpo y nuestra mente se relajan.

El ejercicio es muy importante para oxigenar nuestro cuerpo y para activar el flujo de sangre hacia el cerebro, esto nos ayudará a mantener no solo una buena salud física sino también una buena salud mental.

- **Piense en la oscuridad y en el silencio total.** Trate de poner su mente en blanco por algunos instantes cada día lejos del ruido y de los estímulos de luz y simplemente cierre sus ojos y piense. Busque un lugar tranquilo para hacer este ejercicio y apague las luces y desconecte todas las distracciones tecnológicas.

Simplemente permita que su mente descanse y genere ideas en abstracto, hágalo por unos 10 o 15 minutos y luego trate de recordar sus ideas y anótelas. Al desactivar el sentido de la vista por un corto tiempo y en estado consiente, le estamos dando la oportunidad a nuestro cerebro de generar nuevas ideas sin el estímulo visual, simplemente con el poder de la imaginación.

- **No sepulte sus ideas:** a lo que me refiero con esto es que no debemos enterrar nuestras ideas porque nos parecen malas. No le tema a las malas ideas, todas las ideas que nuestra mente produzca son de alguna manera un estímulo para nuestra creatividad. En realidad, las malas ideas nos van llevando a encontrar las buenas ideas, si nos detenemos por miedo a las malas ideas no le daremos oportunidad a que florezcan nuestras mejores ideas.

- **Dele tiempo a sus Ideas:** antes de descartar por completo una idea por pensar que es mala, manténgala en su archivo o registro de ideas para luego avanzar sobre ese nuevo concepto, método o diseño que está tratando de desarrollar.

A veces una muy buena idea nace de un concepto que aún no tiene mucha forma pero que sabemos tiene potencial, mantenga estas ideas en bruto para luego irlas puliendo y conectando con nuevos conceptos creativos que le puedan llegar a la mente. La idea es crear un gran archivo de opciones y propuestas para luego ir trabajando sobre estas ideas. De aquí la necesidad de llevar un registro para que no mueran nuestros destellos de genialidad en ese papel de servilleta que luego quisiéramos encontrar.

- **Explore su lado artístico:** no tenemos que ser artistas de renombre para permitirnos una terapia relajante por medio de algún tipo de expresión artística. Ya sea pintar, tocar algún instrumento o simplemente apreciar una danza pueden ser estímulos cerebrales para exprimir nuestra creatividad innata. Atrévase a pintar y atrévase a ensuciarse las manos con pintura como lo hacía cuando era un niño, es necesario volver a jugar para permitirnos fallar y para descubrir nuevas facetas que puedan estimular nuestra fábrica de ideas.

- **Crea en sus ideas:** sus ideas por pequeñas que parezcan o por triviales que aparenten ser pueden ser la clave para descubrir un nuevo camino, un nuevo producto o una nueva forma de hacer algo. Todo lo que nos proponemos en la vida empieza por la confianza misma en la valides de nuestras ideas, no deje morir esos destellos de creatividad innatos por miedo a las críticas o por temor a fracasar.

- **Piense en múltiples soluciones** cuando se enfrente a un problema o cuando quiera desarrollar algo nuevo o una propuesta nueva. Tendemos a veces a enfrascarnos en una sola idea limitando nuestras posibilidades ya sea por temor a salirnos del molde o por temor a lo desconocido. La base misma de la inventiva y de la creatividad es la experimentación con múltiples soluciones y propuestas. Dedique tiempo a evaluar diferentes aproximaciones a un mismo problema y tome notas, experimente con diferentes opciones y hágase nuevas preguntas acerca de lo que quiere resolver.

Sea más observador y trate de descubrir nuevos ángulos e ir mas allá de lo más obvio. Experimente, haga cambios, permítase fallar, juegue con nuevas posibilidades e incluso contemple a veces soluciones absurdas y compare con lo que se acepta como la norma, busque nuevos caminos y explore siempre con múltiples soluciones. De lo que se trata es de jugar con nuestra imaginación como lo hacen los niños y de darle rienda suelta al poder de nuestras ideas.

Creo firmemente que vinimos a este mundo a dejar un legado y que nuestro poder creativo es la manifestación de ese legado. Cuando no estimulamos nuestra creatividad ni le damos validez a nuestras ideas estamos aplazando y sepultando poco a poco nuestra propia razón de existir y nos sentimos frustrados. Cada mañana cuando nos levantamos nos vemos enfrentados a un sinnúmero de cosas por resolver y a veces sentimos que la vida no tiene un norte ni un propósito y es porque estamos negándonos a nuestra fuente creativa que nos está pidiendo que manifestemos nuestro legado.

Creo que estamos aquí para crear el mundo que imaginamos para cada uno y no tan solo para seguir ciegamente lo que ya está inventado, los nuevos líderes de las ideas son los nuevos creadores que se atreven a romper las reglas y a derribar los paradigmas para cimentar los nuevos avances de la humanidad. La creatividad y las ideas también tienen que ver con ser capaces de ver oportunidades en donde otros tan solo ven riesgo. Atrévase a inventar, atrévase a confiar en sus ideas, el mundo necesita de su creatividad para seguir avanzando y descubriendo todas nuestras posibilidades.

La Creatividad y Como Estimularla

Ya sea que la creatividad sea algo que llega frecuentemente a visitarlo o por el contrario algo un poco esquivo, lo cierto es que podemos evocarla y cultivarla y por qué no, empezar a practicarla. ¿Pero que es la creatividad? La creatividad es nuestra capacidad innata de producir algo nuevo o diferente utilizando nuestra imaginación y tiene que ver también con nuestra capacidad para hacer conexiones entre diferentes conceptos e ideas.

La creatividad puede ser utilizada en todos los campos, no tan solo en el campo artístico que suele ser el campo más obvio que nos viene a la mente cuando pensamos en ella. Podemos ser creativos en todos los niveles y en todas las áreas, la creatividad tiene que ver también con nuestra capacidad de resolver problemas en distintas áreas y puede ayudarnos a dar el siguiente paso para avanzar en nuestro plan de vida.

Cuando la utilizamos para resolver problemas nuestra primera aproximación al proceso creativo debe ser: ¿Cómo puedo resolver este problema? Cuando formulamos esta pregunta debemos empezar a formular una serie de posibles soluciones anotándolas y dejando un registro de cada nueva propuesta que podemos formular. Podemos empezar con una frase simple como: el problema que quiero resolver es: _____.

Esta simple formulación de pregunta desencadena por sí misma un proceso creativo en donde nuestra mente empieza a acceder a todo un banco de datos que está almacenado en nuestro subconsciente y empieza a crear conexiones con nuestro mundo consciente para generar respuestas. Nuestro subconsciente influye no solo en nuestra respiración, el latido de nuestro corazón y la circulación, nuestra digestión y nuestro sistema nervioso, también puede influir en nuestra creatividad.

Nuestro subconsciente es como un banco de datos que acumula nuevas reseñas que llegan a nuestra mente en forma de estímulos visuales, auditivos o táctiles. Para acceder a este banco de datos debemos estimular nuestra creatividad. Una vez que nos empezamos a hacer preguntas para empezar a resolver problemas entramos en un modo creativo.

Otras veces nuestra intensión con la creatividad puede no ser tan solo resolver problemas sino simplemente nuestro deseo innato de explorar y de saber más. Cuando este es el caso debemos estimular este proceso como nuestra necesidad para seguir nuestra intuición y para provocar nuevos descubrimientos.

Una forma de fomentar este proceso es simplemente anotando en una hoja en blanco el tema que queremos resolver o la idea que queremos explorar y empezar a anotar todas las ideas que nos vengan a la mente que se relacionen con nuestro tema central.

Ahora utilizando una nueva hoja en blanco anote tan solo una lista de las ideas que pudo anotar previamente ignorando el tema central por un momento. En esta lista identifique cuales son las ideas y conceptos que se relacionan unas con las otras y conéctelas con líneas para agruparlas entre sí.

Este proceso le ayudará a crear una especie de diagrama que se relaciona con su tema central y que agrupa una serie de ideas, conceptos, gráficos, números y temas que le permitirán descubrir conexiones. Seleccione con un círculo o etiqueta las ideas o conceptos que más le han parecido relevantes en relación al problema que quiere resolver y ahora explore que conexiones puede establecer entre el tema central y las ideas que seleccionó.

Cuando hacemos este tipo de conexiones visuales como en este ejemplo estamos en un proceso creativo en donde surgen más y más ideas que luego podemos ir anexando y relacionando, estamos creando nuevos conceptos, nuevas propuestas, nuevas ideas.

Ahora también podemos seguir una serie de pautas para estimular nuestra creatividad, la siguiente es una lista de estas pautas:

- **Prefiera los espacios y lugares en donde su creatividad pueda florecer.** Puede que la necesidad de supervivencia y a veces la presión nos obliguen a ser creativos, sin embargo, para que florezcan las buenas ideas también debemos estimular nuestra mente con un entorno que nos relaje.

Cuando alcanzamos un estado de relajación también estimulamos nuestros niveles de dopamina lo que activa a su vez nuestra creatividad, esto de acuerdo a estudios realizados por Alice Flaherty, una de las más reconocidas neuro-científicos que investigan la creatividad.

Entre más dopamina logramos liberar mayor es nuestro nivel de creatividad, esto puede explicar en parte por qué algunas de nuestras mejores ideas surgen en estados de relajación como por ejemplo cuando caminamos, o cuando estamos tomando una ducha o haciendo ejercicio.

Para estimular nuestra creatividad entonces debemos también enfocarnos en estimular y **aumentar nuestros niveles de dopamina y de serotonina** ya que estos dos neurotransmisores influyen directamente en nuestra capacidad creativa.

Al aumentar tanto los niveles de dopamina como de serotonina lograremos darle un estímulo a nuestro cerebro para lograr una mayor creatividad.

¿Pero cómo podemos aumentar estos niveles de forma natural? Solo basta con seguir estos consejos, además de buscar siempre lugares que propicien nuestra relajación mental para fomentar nuestra creatividad, también podemos agregar lo siguiente:

1. A nivel de alimentación: Alimentarnos con comidas ricas en proteínas como aguacates y con plátanos.

2. Ejercitar nuestro cuerpo con frecuencia, no solo para relajarnos sino para promover el flujo sanguíneo a nuestro cerebro.

3. Incorpore la música relajante en sus cesiones creativas, escuchar música nos relaja y ayuda a liberar dopamina.

4. Permita que su cuerpo y su mente se recuperen y duerma lo suficiente para que se restaure su ritmo creativo, una mente exhausta y un cuerpo agotado van en contra de nuestra creatividad.

5. Siempre que pueda dedíquele tiempo a relajar su mente con caminatas o actividades físicas que

lo distraigan y lo alejen del estrés del día a día. Cuando estamos enfocados en el trabajo le estamos exigiendo a nuestra mente esfuerzo y concentración y se hace necesario refrescarla con intervalos de distracción relajante para volver a reactivar nuestra fuente creativa y para seguir <u>motivados</u>.

6. Alimente su mente creativa: lo que esto quiere decir es buscar siempre nuevas experiencias que amplíen nuestra capacidad mental con estímulos sensoriales, auditivos y visuales nuevos que activen nuestra creatividad.

7. Salga de su zona de confort: acostúmbrese a entrar en mundos desconocidos y experimente nuevas cosas y oportunidades. A lo que me refiero es que nos pasamos muchas veces la vida muy cómodos tan solo haciendo lo que sabemos hacer sin experimentar nada nuevo. Podemos estimular nuestros niveles de dopamina y nuestra creatividad aprendiendo algún instrumento, descubriendo nuevas facetas artísticas, podemos experimentar con la pintura, con la música y en general con nuevas experiencias que nos hagan aprender y salir de la rutina.

- **Esté siempre abierto a todas las nuevas ideas.** A veces hacemos oídos sordos a las nuevas ideas y no nos damos cuenta que las buenas ideas pueden provenir de las fuentes más inesperadas. Por absurda que suene o parezca cualquier idea nueva, merece nuestra atención y nuestro análisis antes de desecharla. Acostúmbrese a ser receptivo con todas las ideas, esto abrirá su espectro creativo y estimulará su creatividad alimentando también su arsenal de ideas.

- **Cambie la rutina y busque inspiración:** cuando queremos encontrar inspiración nada mejor que cambiar con la rutina para refrescar nuestra mente con nuevas ideas y con nuevas imágenes o conceptos. Nutra su mente con nueva información, interactúe con gente nueva y cambie de ruta y de camino para ver nuevos horizontes.

Cuando pueda hacerlo viaje y expóngase a diferentes culturas, a diferentes tipos de comida, a un paisaje diferente y a perspectivas diferentes, su mente estará absorbiendo nueva información y estará estimulando su creatividad. A veces no es necesario viajar, leer un buen libro nos puede llevar a conocer otras culturas, otros mundos y otras formas de pensar y amplia nuestra capacidad mental, un buen libro o una buena película pueden estimular nuestra mente creativa.

El escritor James Dashner confiesa haber tenido la idea para el tema central de su libro "The Maze Runner" a partir de la lectura del libro "Lord of The Rings" y de haber visto la película "The Shinning" de Stephen King. También encontró parte de su inspiración observando series como "Lost" y tras haber leído "Ender's Game", una novela de ficción del autor norteamericano Orson Scott. Toda esta nueva información resultó en la creación del bestseller internacional "<u>The Maze Runner</u>" o el "<u>Corredor del Laberinto</u>", un libro de ficción que fuera luego convertido en una exitosa película con éxito de taquilla a nivel mundial.

A veces lo que nuestra creatividad necesita es alimento para crear nuestras propias ideas y nuestras propias historias, cambiando la rutina y absorbiendo nueva información estimulamos nuestra inspiración. Deje viajar su mente y déjese envolver por nuevas historias de ficción, todo lo que vemos a nuestro alrededor es lo que nuestra mente ha creado y lo podemos recrear y modificar, tan solo tenemos que participar.

La vida es un juego de creatividad que capitalizan aquellos que se atreven a creer en su poder creativo y en sus ideas. Cuando hacemos que nuestras ideas funcionen las transformamos en activos y cambia nuestro destino.

Atrévase a experimentar con cosas y experiencias nuevas, la rutina puede matar nuestra creatividad y pueden volver nuestra mente algo perezosa. Ensaye nuevas experiencias, hable con gente nueva y escuche nuevos puntos de vista, permítase tener un día libre para simplemente reconectar con la naturaleza y conviértase en un observador del mundo, atrévase a pensar diferente.

- **Atrévase a pintar**: no tiene que ser un Picasso para atreverse a pintar, la combinación de colores y trazos son un estímulo mental que promueve nuestra creatividad. Existe una gran conexión entre nuestra mente creativa y los colores. La pintura es un excelente estimulo de nuestra creatividad además de ser un relajante mental maravilloso que también incrementa nuestros niveles de dopamina.

- **Sea paciente**: la creatividad no siempre surge de una acción forzada ni puede ser activada como por arte de magia con un botón especial. Debemos darles tiempo a las ideas para que se maduren y se de una conexión de ese gran banco de datos que llevamos en nuestro subconsciente. Todo lo que observamos, lo que sentimos, lo que experimentamos va quedando gravado en nuestro subconsciente y lo podremos usar luego como material de referencia para generar nuevas ideas si somos pacientes.

Debemos permitirle a nuestro cerebro un tiempo para conectar toda esta información, generalmente toda esta información sale a flote en forma de inspiración cuando nos embarcamos en nuevas actividades. Es por esta razón que es crucial ser pacientes mientras nuestra mente madura las nuevas ideas y al tiempo debemos mantener nuestra mente activa. Una mente activa hará que salga a flote esa creatividad que llevamos dentro. Ser pacientes no significa dejar nuestra fábrica de ideas en el olvido, significa madurar nuestras ideas y actuar para ver los frutos de nuestra imaginación.

- **Permítase distraerse**: a veces podemos sentirnos bloqueados mentalmente y lo que podemos estar necesitando es un cambio de ambiente. Deténgase un poco y deje de lado por un momento eso a lo que le ha estado dedicando toda su energía y un cambie de actividad. No se trata de abandonar por completo sus planes o su idea, se trata de refrescar su mente y su cuerpo para que surjan nuevas soluciones y para que se genere un nuevo campo de actividad cerebral. Practique algún ejercicio, esto no solo le ayudará a desbloquearse y a relajarse, mientras se ejercita su mente su subconsciente continuará trabajando haciendo nuevas conexiones para generar y descubrir nuevas ideas.

- **Utilice mapas mentales**: los mapas mentales nos ayudan a expresar y visualizar ideas, pensamientos y conceptos para luego crear conexiones. Los mapas mentales son también excelentes herramientas visuales para administrar ideas, para planear e incluso como fuente de lluvia de ideas. Cuando los utilizamos podemos conceptualizar una idea macro a partir de la conexión de pequeñas ideas que se vinculan con un concepto central.

Esta especie de diagrama visual puede incluir palabras y gráficos que se interconectan y que están ligados a una idea central. El objetivo es poder visualizar y organizar nuestras ideas a partir de estos mapas mentales y de esta manera podemos entender cómo se relacionan todas nuestras ideas entre sí con esta ayuda visual.

Experimente con los mapas mentales para resolver problemas o preguntas sobre lo que está desarrollando o piensa crear, esto le ayudará a estimular aún más su creatividad y el ejercicio en sí de crearlos es una actividad muy creativa.

Suena complicado, pero no lo es, es tan solo cuestión de habituarnos a utilizar los mapas mentales para incitar nuestra creatividad. Existen herramientas online para **crear mapas mentales** (http://tinyurl.com/creacion-mapas-mentales) que son muy útiles para estimular nuestra creatividad y para lograr expresar nuevas ideas.

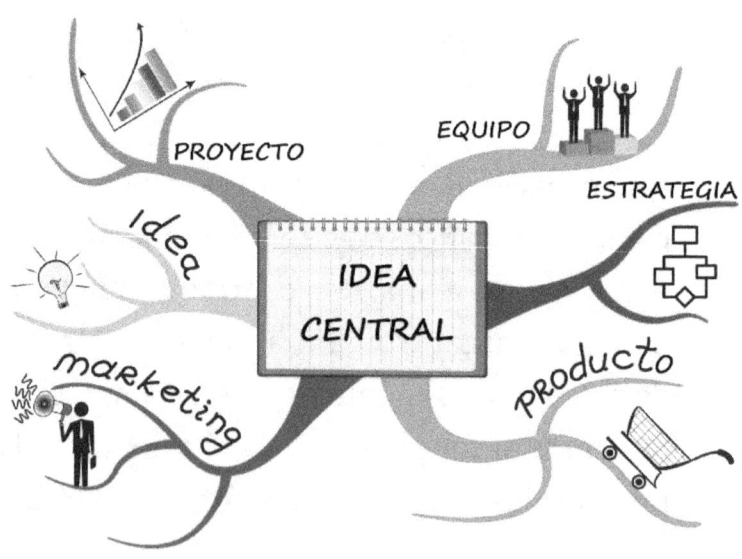

- **En su lugar de trabajo trate de crear un espacio que invite a la creatividad**: a lo que me refiero es a que es mucho más fácil lograr nuestra inspiración si lo que nos rodea son imágenes y un ambiente creativo. Nuestro espacio para crear debe ser harmonioso e idealmente incluir imágenes, fotografías y colores que estimulen nuestra fábrica de ideas. Lo que nos rodea puede tener un efecto muy poderoso sobre nuestra capacidad creativa, deshágase del desorden e incorpore elementos visuales que estimulen sus sentidos como más colores y una buena iluminación en el lugar en donde trabaja.

 La música puede también ser un elemento que nos ayuda a generar nuevas ideas y nos ayuda a crear balance mental para producir mejores ideas. Usted puede crear su propio "santuario" para la creatividad en donde se sienta a gusto escribiendo y generando sus nuevas ideas.

- **Hágase preguntas y produzca respuestas**: utilice una hoja en blanco o un documento digital en blanco y comience con una lista de preguntas enumerándolas de acuerdo al problema que quiere resolver. Para cada pregunta plantee al menos 10 respuestas y anótelas. Este es un sistema de listas de preguntas que puede ir archivando y guardando en documentos digitales o si lo prefiere en hojas clasificadas en fólderes. Al crear estas listas de preguntas se activa la información que tenemos acumulada en nuestro subconsciente y nuevas ideas empiezan a fluir, empezamos a descubrir nuevas respuestas a las preguntas que necesitamos resolver.

- **Utilice el poder de la visualización**: este es un poder que todos podemos cultivar para hacer visible lo que aún no existe pero que está presente en nuestra mente. Todo lo que vemos y nos rodea evolucionó a partir de la visualización de quienes lo crearon, no existía antes en el mundo tangible, pero existía en la mente de quien lo creó. Somos pensadores visuales pues cuando una idea nos viene a la cabeza de inmediato la asociamos con imágenes.

Podemos cultivar este poder creando mentalmente el resultado que queremos alcanzar con imágenes que luego podremos convertir en realidades. En si el proceso es simple, se trata de imaginar y ver dentro de nuestra mente lo que aún no existe y retenerlo allí hasta hacerlo posible y tangible, si es posible dibújelo o trate de plasmarlo en una imagen gráfica para no olvidarlo. De lo que se trata es de divertirnos con nuestra imaginación para crear conexiones visuales de lo que queremos lograr o producir. También podemos utilizar la visualización para crear la vida que queremos y los resultados que queremos.

- **Desarrolle un tablero visual para visualizar sus ideas**: esto es simplemente un espacio en blanco en donde podemos combinar imágenes, gráficos e ideas para luego conectarlas y producir ideas. Esta es una buena manera de conectar objetivos de vida con lo que queremos lograr dándonos más claridad en un marco más visual al que podemos referirnos siempre que lo necesitemos. Esta es también una forma de programar nuestra mente subconsciente para que se manifieste en nuestra realidad lo que queremos lograr gracias al poder de la visualización. Si todos los días observamos nuestros objetivos en un tablero visual que contenga imágenes de lo que queremos lograr, estamos también activando el poder de la atracción y activamos nuestra creatividad.

¿Qué Significa Vivir Una Vida Utilizando el Poder de La Creatividad?

¿Podría ser posible que pudiéramos alterar nuestro destino con el poder de la creatividad? ¿Será posible que pudiésemos tener todo lo que queremos para nuestras vidas? Esto puede sonar como algo imposible de lograr y lo cierto es que lo vemos a veces imposible porque estamos recibiendo de la vida lo que esperamos de ella y no lo que en realidad queremos.

A lo que me refiero es que mucha gente vive la vida en medio del conformismo sin atreverse a crear su propio destino con el poder de su propia creatividad muchas veces por el miedo a equivocarse o a ser juzgados. La creatividad no se trata de tan solo encontrar soluciones a problemas o ser capaz de crear algo nuevo o diferente, se trata de un estilo de vida.

Si somos capaces de imaginar, desear, creer y actuar con entusiasmo sobre nuestras ideas entonces somos capaces de crear nuestro destino. Creatividad tiene que ver con vivir la vida sabiendo que creamos nuestra vida y nuestro destino con cada momento que vivimos, con cada paso que damos y con cada nueva idea que proponemos. Encontramos soluciones creativas como resultado de tener una mentalidad creativa, todos somos creadores por naturaleza, algunos lo hacemos conscientemente y otros inconscientemente.

La vida que creamos para cada uno de nosotros es la vida que imaginamos, en lo que creemos nos transformamos, en lo que pensamos nos convertimos. Si creemos que somos creadores innatos y nos atrevemos a proponer cosas nuevas entonces nuestra vida y nuestro destino empiezan a cambiar. No es solo lo que sabemos lo que afectará los resultados que obtengamos en nuestra vida, lo que realmente afectará nuestra vida y nuestro destino son nuestras acciones basadas en nuestras ideas y en nuestra propia creatividad.

"La imaginación es más importante que el conocimiento"
– Albert Einstein.

Lo cierto es que cada uno de nosotros puede tener absoluto control de su destino si nos atrevemos a vivir la vida que imaginamos, suena un poco simplista y un poco "naive" o ingenuo pensar que esto sea posible pero la verdad es que mucha gente subestima el poder del pensamiento, de las ideas y de la creatividad. Sin embargo, mucha gente tiene gravado en su subconsciente una especie de miedo a confiar su destino a la creatividad porque se nos ha inculcado desde pequeños que más vale seguir modelos "probados" y menos riesgosos que aventurarnos a proponer nuestras propias ideas.

La educación tradicional muchas veces nos enseña que más vale confiar nuestro destino a lo que está ya escrito que atrevernos a cambiar el presente y el futuro con nuevas ideas. Creo que debemos empezar a creer en nuestra habilidad para cambiar el mundo y para cambiar nuestra situación a partir de nuestro poder creativo y a partir del poder de nuestras propias ideas así no estén escritas en un libro. Debemos empezar a creer en el poder de reinventar el mundo y tomar riesgos.

El problema es que desde niños nos pueden sembrar el miedo a ser creativos por estar basado el sistema educativo en asignar números o letras al desempeño de un niño que en su ADN lleva una creatividad innata. Si por ejemplo lo que el niño produce en la clase de arte no es visto con buenos ojos por el maestro o la maestra de arte entonces se le asigna una baja calificación sepultando poco a poco ese ímpetu creativo innato que lleva por dentro.

 Debemos estimular la creatividad y estimular "los errores" desde una temprana edad pues en un proceso creativo siempre habrá errores, no existe tal cosa como la fórmula perfecta para nunca fallar. Lo que sí existe es la fórmula de la creatividad para el éxito cuando le damos rienda suelta a las nuevas ideas sin importar si fallan mil veces antes de dar un resultado.

A veces tenemos la tendencia a pensar que nuestras vidas están controladas por fuerzas externas y que no hay nada que podamos hacer para cambiar nuestro destino, esta es una idea completamente errónea, nuestro destino está controlado por nuestra mente y por nuestro poder creativo, podemos diseñar la vida que queremos si persistimos con nuestra creatividad y con nuestra **mentalidad positiva**.

La realidad es que estamos en completo control de nuestro destino a cada momento con cada acción y decisión que tomamos, con nuestra forma de pensar y con nuestra capacidad para producir ideas. Si por el contrario le damos validez a la idea que otros controlan nuestro destino, entonces eso es lo que creamos para nuestra vida, una vida dependiente de las decisiones de los demás.

Si no creemos en nuestro propio poder creativo para diseñar nuestro propio destino entonces creamos una dependencia de factores externos a los que les damos poder para controlar nuestra vida.

Claro es obvio que no podemos tener control de factores externos como el clima, pero si podemos tener control cada mañana de como decidimos enfrentar el día sin importar si el clima es bueno o malo, sobre lo que tenemos verdadero control es sobre nuestras reacciones y como interactuamos con lo que nos rodea. Aceptar que tenemos un poder creativo innato es aceptar que estamos en completo control de nuestras vidas.

Podemos dominar nuestro presente y nuestro futuro a partir de nuestra capacidad inventiva, nuestro futuro se crea a partir de nuestros pensamientos y de nuestras acciones presentes, podemos redirigir y rediseñar nuestro futuro con cada paso que damos y con cada nueva idea que proponemos.

Imagine lo que quiere para su vida en este momento y visualícelo como si ya existiera, diséñelo y créelo en su mente y hágalo tangible con sus acciones paso a paso cada día convencido del poder de su propia creatividad.

La clave está en programar nuestra mente para visualizar todo lo que queremos crear para nuestra vida ahora y no en un futuro distante, debemos vivir en el presente inventando el presente para atraer un mejor futuro. Cuando vivimos en el momento presente imaginando la vida que queremos ahora, nuestro destino empieza a cambiar ahora y no en un futuro distante.

Lo único que se interpone entre manifestar el poder creativo que cada uno de nosotros tiene y alcanzar todo lo que queremos para nuestra vida, son nuestros pensamientos y lo que creemos, debemos empezar a creer que si es posible crear nuestro propio destino con nuestra creatividad y nuestra mentalidad positiva.

Creo que la vida es una oportunidad para experimentar, para crear y para ser felices creando nuestro propio destino con nuestras propias ideas. Amigo y amiga lector, si utiliza su poder creativo en cada aspecto de su vida, puedo asegurarle que empezará a ver cambios positivos y a sentirse con más control sobre su destino. No permita que pase la vida sin utilizar todo su poder creativo, cada día que pasa es una nueva oportunidad que tenemos para rediseñar nuestra vida con el poder de nuestra creatividad y con nuestra inventiva.

"Siempre estoy pensando en crear. Mi futuro empieza cuando me levanto cada mañana. Cada día encuentro algo creativo que hacer con mi vida." - Miles Davis.

La Creatividad y el Riesgo - ¿Cuál es el Beneficio?

Quiero ser sincero, crear una vida que tenga sentido y que tenga un significado satisfactorio y significativo a partir de la creatividad no es tarea fácil. Se requiere tomar riesgos. Probablemente este no sea ningún secreto ya que todos de alguna forma u otra hemos experimentado lo que significa lidiar con el fracaso y con las dudas cuando recorremos el camino de la vida y de lo desconocido. Tomar el riesgo de tener la iniciativa para crear algo nuevo requiere mucho más valor que tan solo seguir las instrucciones de un jefe o seguir al pie de la letra lo que dice el manual de trabajo.

El riesgo es inevitablemente un aspecto inherente de la creatividad. Resulta a veces más "seguro" apegarnos a un trabajo en el cual podemos seguir instrucciones y completar tareas a tomar el riesgo de iniciar algo nuevo ya sea en el campo de la escritura, de una nueva empresa, de un nuevo negocio, de una nueva compañía, de una nueva idea o en general de todo lo que implique lanzarnos al mundo de lo desconocido.

Sin embargo, creo que el verdadero riesgo está en jamás llegar a conocer las posibilidades de nuestra grandeza cuando nos refugiamos en lo "seguro" por simple miedo a fallar o a fracasar. No existe nada de malo con asegurarnos una fuente de ingreso para apoyar nuestra subsistencia, sin embrago creo que estamos en este mundo para algo más que asegurar nuestra subsistencia, estamos aquí para brillar con el poder de nuestra mente creativa y estamos aquí para tomar riesgos.

Creo que ahora más que nunca, existen cada día más y más oportunidades para experimentar con nuestras ideas, existen cada día más canales para encontrar clientes y adeptos a lo que nuestra mente es capaz de crear.

Ya sea un nuevo libro, un nuevo producto, un nuevo método de recetas de cocina, una marca nueva de zapatos, un diseño nuevo de ropa o lo que sea que podamos crear e inventar, lo podemos dar a conocer al mundo y a millones de personas gracias al poder del internet. Creo que el internet es una de las mejores creaciones de la humanidad en donde por fin se ha democratizado la posibilidad para que cualquier persona pueda acceder a las masas.

Solo basta con mencionar un sitio como YouTube, una herramienta digital en donde cualquier persona puede crear su propio canal de comunicación y publicar videos para conectar con miles de personas alrededor del mundo mostrando su creación o su producto.

Lo que antes era algo casi imposible de lograr a menos que tuviésemos acceso a un canal de televisión privado para mostrar un producto, hoy se hace posible con nuevas vías de acceso y conexión con quienes pueden consumir lo que creamos. Por supuesto YouTube no es el único canal que hoy en día podemos utilizar para dar a conocer lo que creamos, existen las redes sociales y existe la posibilidad de darnos a conocer por medio de blogs, de la auto-publicación y por medio de las páginas web que hacen que el riesgo de lanzarnos a inventar o a proponer algo nuevo sea algo con mayores probabilidades de éxito.

Creo que todos tenemos la posibilidad de crear algo y tenemos la oportunidad de ponerlo allá afuera a los ojos del mundo tomando el riesgo de inventar y crear para ver si podemos generar una audiencia, podemos medir la respuesta de posibles clientes interesados en lo que somos capaces de crear. Por medio de estos canales y de otros nuevos que se seguirán implementando gracias al poder creativo de quienes los inventen, podemos conquistar un sinnúmero de fans que se interesen por lo que hacemos y por lo que podamos crear.

Creo que vale la pena intentarlo, creo que vale la pena descubrir lo que podría pasar si nos decidimos a tomar el riesgo de crear y de inventar nuestro futuro con nuestro propio poder creativo.

Soy optimista y estoy convencido que vivimos en una era efervescente de la creatividad humana en donde más y más personas se atreven a dar el salto a proponer sus ideas. No existe límite para las nuevas ideas, podemos ser tan creativos como queramos e inventar tanto como queramos si tomamos el riesgo de lanzarnos sin miedo a inventar el mundo que cada uno visualiza en su mente.

Hay mucho espacio para inventar, para desarrollar nuevas ideas, nuevos métodos, nuevos libros, nuevos diseños, nuevas recetas, nuevos sistemas, nuevas películas, nueva música y nuevo lo que se nos venga a la cabeza. Creo que cada uno de nosotros tiene la misión de plantear algo y de hacer un aporte a la humanidad con sus ideas y con sus propuestas por pequeñas que estas sean.

El riesgo es parte del proceso cuando se opta por darle rienda suelta a la creatividad. La gente que confía su destino a la creatividad se familiariza con el fracaso y con el riesgo pues no se falla una sola vez, se falla muchísimas veces, pero la recompensa puede ser enorme y muy satisfactoria. La recompensa y el beneficio pueden ser llegar a descubrir todo nuestro potencial como seres humanos en un mundo donde los únicos límites que deben existir son los límites de nuestra imaginación.

Sorprendentemente la gente más creativa y más exitosa es la gente que más veces ha fallado y la gente que más riesgos ha tomado. No necesariamente esta gente es más brillante que el resto de la humanidad o no necesariamente poseen un don divino que no tienen los demás. Lo que estas personas creadoras tienen es una confianza infinita en el poder de su mente creativa y se arriesgan más veces que los demás a proponer ideas que así fallen les van dando las bases para construir su éxito.

No puede haber éxito sino se toman riesgos, por medio de prueba y error, los grandes creadores de las ideas que hoy damos por sentadas han logrado inventar el mundo que hoy conocemos porque han tomado el riesgo de lanzarse a proponer lo que visualiza su mente.

El fundador y creador de la compañía **Dyson** que fábrica uno de los modelos de aspiradoras más vendido en el mundo, realizó al menos cinco mil prototipos fallidos de sus máquinas para aspirar e invirtió los ahorros de 15 años en esta aventura creativa que lo llevó a inventar finalmente una de las máquinas aspiradoras más innovadoras del mundo y con ventas millonarias. Este inventor británico no solo descubrió que podía crear e inventar algo, descubrió una pasión y diseñó su propio destino.

En realidad, la gente creativa no necesariamente tiene mejores ideas que el resto de la humanidad, la gente creativa lo que tiene es un arsenal de ideas para escoger y para desarrollar. Como lo hemos visto antes en este libro, cualquiera de nosotros se puede convertir en una máquina creadora de ideas, solo tenemos que actuar y tomar el riesgo.

Ser creativo requiere de fe absoluta en la probabilidad de triunfo de cualquiera de nuestras ideas por sencillas que estas sean. El éxito abrumador puede provenir de las ideas más simples como la idea de la carita feliz como lo señalé antes en este libro, la clave está en arriesgarnos a proponer ideas y a sacarlas a la luz pública dándolas a conocer sin miedo al fracaso y sin miedo a fallar.

No es posible innovar si no tomamos riesgos, debemos promover la creatividad permitiendo los fracasos pues estos son parte del proceso de crear, el beneficio es que esta postura promueve la iniciativa para lograr cambiar nuestra realidad. El miedo a tomar riesgos es un aniquilador de la innovación, debemos reconocer al riesgo como un elemento del aprendizaje y como un valor esencial del proceso de creación. La creatividad requiere tener el coraje de tomar riesgos y el coraje de enfrentar lo desconocido, sin embargo, el beneficio y la recompensa pueden ser muy grandes.

Si seguimos siempre pautas conocidas y predecibles entonces limitamos nuestras posibilidades, en cambio si nos permitimos el riesgo de inventar nuestro presente y nuestro futuro, la recompensa y los beneficios pueden ser inmensos.

Creo que la creatividad es una oportunidad de crecimiento y una oportunidad para manifestar nuestra energía en algo tangible, en algo que puede aportarle a la humanidad, en algo que puede entretener, solucionar y enseñar y es nuestra oportunidad para dejar un legado. No debemos limitarnos por el perfeccionismo ni por el miedo a fracasar, somos seres en crecimiento y en constante evolución y la creatividad es parte de esa evolución.

Tomar riesgos utilizando el poder de nuestra creatividad y proponer nuestras propias ideas expande nuestros propios límites que no son más que barreras que hemos fabricado mentalmente por el miedo al fracaso. Las posibilidades que nos da nuestra mente creativa son ilimitadas si decidimos darle rienda suelta a nuestra imaginación y si decidimos tomar el riesgo de ser creativos.

"El mayor riesgo no está en no tomar riesgos… En un mundo que cambia rápidamente, la única estrategia que está garantizada a fallar es la de no tomar riesgos." – Mark Zuckemberg.

¿De Donde Proviene La Creatividad?

Como lo describí al comienzo de este libro, tendemos a pensar que la creatividad proviene de una especie de don divino que solo unos pocos privilegiados tienen.
Tendemos a pensar que las personas que han creado un nuevo producto o una nueva fórmula, o una nueva receta, o un nuevo diseño o un nuevo método tienen una especie de inspiración mágica y especial.

No me cabe duda que la energía que produce este ímpetu por crear proviene de nuestra fuente de energía creadora que gobierna todo el universo. El universo y todo lo que nos rodea es una manifestación de energía, pero más allá de este concepto de la energía, está el hecho de nuestra capacidad de observación y de nuestra capacidad de crear conexiones.

Todas las ideas que vemos y utilizamos cada día provienen de algo que ya existía, nuestra creatividad lo que hace es lograr nuevas conexiones para utilizar lo que ya existe y logra transformarlo en algo nuevo o diferente. Tenemos a nuestra disposición un sinnúmero de elementos para empezar a construir algo nuevo, para empezar a inventar.

A lo que me refiero es que cada objeto y cada concepto que nos rodea son como una gran caja llena de fichas o bloques con las que nuestra imaginación puede jugar para construir algo nuevo, con la que nuestra mente puede experimentar para crear asociaciones nuevas. El mundo que nos rodea está lleno de estas fichas o elementos para crear, es como armar un juego de fichas de lego o un rompecabezas y volver a divertirnos con nuestra imaginación para inventar nuevas propuestas.

Como lo vimos antes en este libro, la creación del ordenador personal surgió de la idea de combinar el teclado con la pantalla de televisión y con las capacidades de cómputo de la calculadora. Fue una asociación de ideas y una conexión de conceptos que originaron algo nuevo que a su vez desencadenó la creación de más y más ideas alrededor de esta nueva propuesta.

Nadie hablaba de las aplicaciones antes de la masificación del uso de los teléfonos inteligentes, hoy en día existe una aplicación para casi todo lo que podamos imaginar. Cada una de estas aplicaciones fue creada por personas que descubrieron nuevas conexiones y asociaciones para proponer algo nuevo en una plataforma nueva basándose en conceptos y elementos nuevos combinándolos con otros ya conocidos.

Podemos reinventar el mundo y ser creativos a partir de la observación creativa de lo que otros ya han inventado, la creatividad después de todo es también evolución y desarrollo de lo que ya existe. Lo que otros han inventado o creado son como semillas para que nuevas ideas surjan y son las bases de nuevas creaciones.

El secreto está en utilizar lo que otros han creado y utilizarlo como base para crear nuestras propias propuestas ideas. No se trata de reinventar la rueda, tampoco se trata de copiar, de lo que se trata es de evolucionar sobre lo que ya existe para crear algo original.

Se trata de ser observadores y descubrir e imaginar cómo podría evolucionar un producto, un diseño, un método o lo que sea que queramos cambiar para crear nuestra propia originalidad. Todo el tiempo estamos rodeados de oportunidades para crear, cuando por ejemplo utilizamos un producto y vemos algún defecto o pensamos en una posible mejora, debemos actuar y proponer nuestros propios cambios.

Debemos ser analíticos y pensar que fue lo que nos atrajo de un producto, de un diseño, o de una forma de hacer las cosas y anotar lo que observamos, esto nos dará claves para nuestra propia creatividad.

Los coreanos incurrieron en la industria del automóvil observando y estudiando con ingeniería inversa cada detalle de los autos fabricados en Europa y en los Estados Unidos. Fueron de alguna manera copiando y desarrollando sus propios modelos hasta encontrar su propia originalidad. No quiere decir esto que debamos copiar, lo que quiere decir es que debemos basarnos en algo para empezar y a partir de ahí proponer nuestras propias ideas.

Hoy en día la industria automotriz coreana es una de las más competitivas del mundo con sus propias creaciones originales y en algunos casos con muchas similitudes con sus competidores, el punto es que se decidieron a crear a partir de lo que otros habían creado y hoy en día Corea es una potencia industrial mundial. Debemos admirar el trabajo de otros y aprender tanto como podamos de ese trabajo que admiramos para alimentar nuestro propio poder creativo.

El arte se origina en imitar lo que el ojo humano puede apreciar para tratarlo de plasmar en una pintura, de igual forma observar lo que ya existe con criterio crítico y constructivo puede estimular nuestra propia creatividad. Como lo señalé antes en este libro, creo que vivimos en una era fértil de ideas en donde cada vez más se hace posible darle rienda suelta al poder de la creatividad que cada uno de nosotros lleva dentro.

Atrévase a sacar adelante sus propias ideas, sus propios conceptos y diseños y su propia forma de pensar, amigo y amiga lector pienso que vivimos en una era de renacimiento de las ideas y creo que cada uno debe intentarlo cuantas veces sea necesario hasta encontrar el éxito. No debemos temerle a fracasar, tan solo fracasa quien jamás intenta nada, es hora de empezar a utilizar el poder de nuestra mente creativa para cambiar nuestro destino.

¿Cómo Empezar a Crear?

De nada vale toda la teoría del mundo y todo el conocimiento del mundo si no lo empezamos a aplicar. Para realmente lograr cambiar nuestro destino con el poder de nuestra creatividad debemos pasar del modo analítico y soñador al modo de acción y ejecución.

¿Cuántas ideas se han quedado en el olvido o jamás se dieron a conocer por falta de acción? ¿Cuántas veces se ha dicho a sí mismo: si tengo que empezar, mañana lo voy a hacer, lo tengo que hacer pero sin embargo lo pospone indefinidamente por no tener un plan de acción? Más que un plan de acción lo que necesitamos es pasar de planear, de analizar y pensar a hacer y a actuar. Las siguientes son unas pautas para empezar a volver ese sueño de crear una nueva realidad con nuestras ideas algo tangible y real y para empezar a crear.

- Busque lo que le interesa y empiece ahora mismo a anotar ideas sobre eso que le causa curiosidad.

- Piense como puede cambiarlo, como puede mejorarlo, como puede hacerlo funcionar mejor o como puede crear algo completamente nuevo a partir de eso en particular que le interesa.

- Comience por establecer conexiones entre lo que le interesa y posibles soluciones a problemas que pueda identificar.

- Relacione el problema o posibles problemas que identifica con el mundo real y como piensa que podría plantear una solución. No necesariamente deben ser problemas, pueden ser mejoras o nuevas aplicaciones, diseños, nuevos temas o métodos para desarrollar algo nuevo o diferente.

- Haga preguntas dentro de su círculo de amistades o familiares sobre eso que le interesa desarrollar y escuche diferentes puntos de vista, lleve un registro de estos puntos de vista. Si tiene una página web entonces trate de interactuar con otras personas, ya sea por medio de redes sociales o por medio de encuestas virtuales, la interacción con otras personas puede generar más ideas.

Un ejemplo de esta interacción puede ser por medio de encuestas virtuales, puede utilizar Google Forms para crear una encuesta virtual y para hacer preguntas, las respuestas a estas preguntas le darán claves sobre qué es lo que su audiencia prefiere. Aquí un ejemplo de este tipo de encuestas: ¿Qué Libros de Auto-Ayuda Prefiere Leer? (http://tinyurl.com/encuesta-libros).

- Haga una lista sobre todo lo que le interesa y anote esta lista ya sea en un diario o en un documento electrónico.

- Lea diferentes contenidos, trate de cambiar las fuentes de información sobre lo que lee para obtener diferentes puntos de vista, la información que consumimos puede ayudarnos a empezar con nuestro proceso creativo ya que puede estimular nuestro interés por nuevos temas y nuevas ideas.

- Piense en que ideas o conceptos ya existentes se podría basar para empezar a crear sus nuevas ideas, haga una lista de estas ideas y conceptos y empiece a desarrollar las que le causan más interés.

- Piense en todas las cosas que lo rodean y cuales son susceptibles de cambio, cuales le molestan, cuales le agradan y por qué le molestan o le agradan, haga una lista con estas observaciones y archívela en su archivo de nuevas ideas. Archivarla no quiere decir olvidarla, quiere decir que este material puede ser la base para desarrollar algo nuevo y es un material de referencia para presentes y futuros proyectos.

- Combine ideas y conceptos de una manera nueva e inesperada, por ejemplo, puede hacer juegos de palabras con nuevos conceptos para concebir un nuevo enfoque sobre algo ya conocido. Por ejemplo, podría ser que quisiera desarrollar una idea sobre un nuevo tipo de alimento, podría utilizar las palabras: alimento para la felicidad, o galletas del amor, o cualquier tipo de combinación de palabras inesperadas. La idea es ser capaz de crear haciendo combinaciones y conexiones con lo que ya existe.

- Piense en la esencia del problema que quiere resolver, piense por qué lo quiere resolver y que es lo nuevo que podría aportar para resolver este problema o lo nuevo que puede diseñar o plantear para crear una respuesta original y diferente.

- Dele rienda suelta a sus sueños y dedique tiempo para imaginar todo lo que le venga a la mente, no olvide anotar luego todas estas ideas en un registro digital o en un diario.

- Siempre lleve consigo algún diario o aplicación digital en donde pueda anotar ideas que le vengan a la mente. Una simple aplicación para tomar notas es una herramienta maravillosa y sencilla para no perder esos momentos de inspiración. En algunas de estas aplicaciones es posible dictar y gravar nuestras ideas para luego referirnos a ellas y desarrollarlas. Leonardo da Vinci, uno de los seres más creativos de la historia, solía llevar un diario con sus ideas. El simple hecho de enfrentarnos a la tarea de llenar un espacio en blanco puede exprimir nuestro poder creativo, acostúmbrese a llevar un diario de la creatividad y consérvelo siempre en un lugar seguro.

- Siempre hágase preguntas sobre todo lo que le rodea, sea crítico y sea explorador, no acepte el mundo tal y como es, usted está aquí para cambiarlo y para dejar su propia huella. Las preguntas son la base de la curiosidad y de la creatividad, cuando nos hacemos preguntas constantes también crece nuestra capacidad creativa. Muchas de las creaciones humanas nacieron de la formulación de preguntas, ¿Qué pasaría si…? ¿Cómo sería si cambiara esto…?, ¿Qué pasaría si combinara esto con aquello? … Etc…

- Aprenda algo nuevo e intente cosas nuevas, explore, descubra, pregunte y trate de alimentar su creatividad con nuevas actividades saliendo de su zona de confort. No dé por hecho lo que le rodea, el mundo está en constante cambio y usted es parte de ese cambio, podemos cambiar el mundo, podemos participar de ese cambio y no simplemente ser espectadores del cambio. Cuando hacemos algo nuevo o cuando experimentamos cosas nuevas estimulamos también nuestra capacidad para crear. Atrévase a cambiar el mundo con sus propuestas.

- Tome la decisión hoy mismo y conviértase en el creador de su propio destino, confié en su poder creativo innato y atrévase a fallar, simplemente hágalo! Si falla simplemente sabrá que su conocimiento y su experiencia habrán crecido, si jamás falla, es porque jamás se atrevió a intentarlo.

- Llénese de pensamientos positivos y transforme su mente en una **mente positiva**, convénzase de su poder creador para cambiar su destino.

- Actué ahora mismo sobre sus ideas y empiece a crear sobre lo que ya tiene, no se base en lo que no tiene o lo que le hace falta, empiece a construir sobre lo que hoy tiene y no espere para empezar a crear cuando sea el momento perfecto, o "algún día". Algún día por lo general jamás llega y posponemos nuestras acciones indefinidamente con la mentalidad de "algún día". Ese "algún día" debe empezar hoy.

- Piense en que todo lo que se proponga lo puede conseguir si actúa ahora, todo lo que su mente pueda imaginar lo puede conseguir si empieza ahora mismo a hacer uso de su poder creativo. Repítase a sí mismo: "Si lo puedo lograr y lo voy a lograr". No olvide repetir una serie de **Afirmaciones Positivas** cada día para empezar a cambiar su mentalidad.

- Realice una búsqueda de todo el material que tenga que ver con lo que quiere desarrollar y documéntelo en una guía que contenga los pasos que debe seguir para hacer realidad eso que quiere desarrollar, modificar, ampliar o cambiar. Ya sea un nuevo libro, un nuevo diseño o un nuevo método es importante recopilar toda la información necesaria que necesitamos para iniciar el proceso creativo. Luego estos pasos nos darán la guía para seguir una secuencia que nos lleve a terminar esa idea o concepto que está en nuestra imaginación.

Si se trata de un producto entonces desarrolle también prototipos y modelos que le ayuden a visualizar los cambios que desea efectuar. Hoy en día con el surgimiento de las impresoras en tres dimensiones es posible realizar una serie de prototipos de forma más ágil y hacer variaciones cada vez que lo necesitemos. Este nuevo tipo de herramienta es verdaderamente un precursor de la creatividad que nos da acceso a la posibilidad de transformar lo que imaginamos en un objeto tridimensional tangible.

El costo de esta tecnología será cada vez más bajo a medida que mejora su desarrollo y a medida que bajan los costos de producción de estas nuevas **impresoras tridimensionales**. Como lo recalqué antes en este libro, creo que vivimos en una era de prosperidad para la creatividad en donde disponemos de más y más herramientas para mostrar nuestro poder creativo y otras que se seguirán creando para que todo el que se decida a hacerlo descubra el poder de su propia creatividad.

Conclusión:

Hoy más que nunca antes las ideas y nuestra creatividad tienen el poder de transformar no solo al mundo sino también el destino de quien se atreve a proponerlas. **Las ideas son la nueva forma de producir riqueza** y la nueva forma de transformar el mundo, en realidad lo han sido por siempre, pero ahora más que nunca el mundo necesita de nuevas formas de pensar y nuevas ideas para seguir asegurando nuestra supervivencia en este planeta.

Ahora más que nunca el mundo confía en la creatividad humana para resolver muchos de los problemas a los que nos enfrentamos cada día. Los problemas no son más que nuevas oportunidades para crear soluciones y nuestra imaginación y nuestro poder creativo nos darán la oportunidad de convertir esos problemas en activos que transformarán nuestro destino. Creo en un mundo en constante evolución y en constante movimiento en donde los cambios se seguirán dando de forma positiva gracias al poder de nuestra creatividad.

Sigamos reinventando el mundo, sigamos proponiendo nuevas ideas y sigamos transformando nuestro destino, nuestro poder creativo es la clave para cambiar nuestra realidad. Tenemos la capacidad de imaginar, de crear nuevas oportunidades, nuevas propuestas, nuevos productos y nuevas posibilidades para cada uno de nosotros y para los demás si nos atrevemos a confiar en nuestro poder creativo.

No debemos perder ese poder, debemos cultivarlo pues es algo que nos fue dado desde el día en que nacimos, jamás pierda su poder creativo, nacimos para crear y para experimentar con el poder de nuestras ideas. Confié en sus ideas y en todo su poder creativo, usted tiene la llave para inventar el mundo que siempre ha querido.

"Todos los niños nacen siendo artistas, el reto está en seguir siendo artistas cuando crecemos". – Pablo Picasso.

Gracias por leer este libro, como muestra de mi aprecio
Obtenga Ahora Completamente Gratis:

LAS 9 CLAVES Y CONDUCTAS DE LA GENTE CREATIVA
visitando esta pagina

http://tinyurl.com/claves-creatividad

Quiero darle las gracias por leer este libro y pedirle que si le ha gustado su contenido y si siente que le ha aportado algo positivo a su vida por favor déjemelo saber escribiendo una opinión positiva. Escribir su opinión sobre este libro tan solo le tomará un minuto de su tiempo y significa mucho para mí como autor.

Espero sinceramente haberle podido ayudar e inspirar con el contenido de este libro y creo firmemente en la ley de la reciprocidad, su opinión favorable ayudará a que más personas conozcan el contenido de esta guía de creatividad para la vida. Por favor amigo lector visite el siguiente enlace para escribir su concepto sobre este libro:

http://tinyurl.com/opinion-libro-poder-ideas

¡GRACIAS!

Otros Libros Que Pueden Interesarle:

http://tinyurl.com/libro-pensamiento-positivo

http://tinyurl.com/libro-motivacion

http://tinyurl.com/habitos-del-exito

Sobre el Autor

Frank Mullani es un autor que cree firmemente en la creación de sus propias oportunidades a través del poder del pensamiento positivo y de la persistencia. Tras experimentar innumerables altibajos a lo largo de su vida y enfrentar también incontables adversidades, ha prevalecido su optimismo conquistando una vez más su vida y su luz por medio de la magia y del poder del pensamiento positivo, de los hábitos del éxito, de una fuerte motivación y de su capacidad incansable de recuperación.

Después de literalmente perderlo todo, Frank está de vuelta en su camino hacia el éxito aferrándose a uno de sus activos más valiosos, su mente positiva y su mente creativa. El objetivo del autor es transmitir un fuerte mensaje alentador de vida a tanta gente como sea posible a través de sus libros.

Dedicación:

Dedico este libro a mis dos hijos, a mi familia y a usted con la esperanza de que su contenido le ayudará a llegar a donde quiere llegar, le doy las gracias una vez más por leer este libro. Un último favor amigo y amiga lector, si este libro ha sido de su agrado por favor compártalo en las redes sociales con sus amigos y familiares, esto permitirá que otras personas conozcan su contenido.

Aviso Legal

Este libro está diseñado para proporcionar información y motivación para los lectores. Se vende con el entendimiento de que la editorial no se compromete con lector en cualquier tipo de asesoría psicológica, legal, u otro tipo de asesoramiento profesional. El contenido de cada capítulo es la expresión de opinión única de su autor, y no necesariamente el de la editorial. No existe ninguna garantía o garantías expresas o implícitas por la elección de la editorial al incluir cualquier parte del contenido de este volumen. Ni el editor ni el autor individual de este libro serán responsables por los daños y perjuicios físicos, psicológicos, emocionales, financieros o comerciales, incluyendo, pero no limitado a, daños especiales, incidentales, indirectos o de otro tipo. Nuestros puntos de vista y derechos son los mismos: Usted es responsable de sus propias decisiones, acciones y resultados.

Copyright © 2016 Frank Mullani. Todos los derechos reservados.

Ninguna parte de esta publicación puede ser reproducida o transmitida en cualquier forma o por cualquier medio, sea electrónico o mecánico, fotocopia, grabación o cualquier sistema de almacenamiento o recuperación, sin el permiso escrito del autor.

www.ingramcontent.com/pod-product-compliance
Lightning Source LLC
Chambersburg PA
CBHW071819200526
45169CB00018B/446